À MESA COM O
CHAPELEIRO MALUCO

ALBERTO MANGUEL

À mesa com o Chapeleiro Maluco

Ensaios sobre corvos e escrivaninhas

Tradução
Josely Vianna Baptista

1ª reimpressão

COMPANHIA DAS LETRAS

Copyright © 2006 by Alberto Manguel
c/o Schavelzon Graham Agencia Literaria
www.schavelzongraham.com

1ª edição, Barcelona, outubro de 2006

Grafia atualizada segundo o Acordo Ortográfico da Língua
Portuguesa de 1990, que entrou em vigor no Brasil em 2009.

Título original
Nuevo elogio de la locura

Capa
João Baptista da Costa Aguiar

Preparação
Luís Dolhnikoff

Revisão
Ana Luiza Couto
Isabel Jorge Cury

Dados Internacionais de Catalogação na Publicação (CIP)
(Câmara Brasileira do Livro, SP, Brasil)

Manguel, Alberto
    À mesa com o Chapeleiro Maluco : Ensaios sobre corvos e
escrivaninhas / Alberto Manguel ; tradução Josely Vianna Baptista.
— São Paulo : Companhia das Letras, 2009.

    Título original : Nuevo elogio de la locura.
    ISBN 978-85-359-1443-6

    1. Ensaios argentinos - Século 20 2. Literatura argentina -
Ensaios - Século 20 I. Título.

09-03169   CDD-ar864

    Índice para catálogo sistemático:
    1. Ensaios : Literatura argentina ar864

[2022]
Todos os direitos desta edição reservados à
EDITORA SCHWARCZ S.A.
Rua Bandeira Paulista, 702, cj. 32
04532-002 — São Paulo — SP
Telefone: (11) 3707-3500
www.companhiadasletras.com.br
www.blogdacompanhia.com.br
facebook.com/companhiadasletras
instagram.com/companhiadasletras
twitter.com/cialetras

Ao ouvir isso, o Chapeleiro arregalou os olhos, mas falou
simplesmente:
"Por que um corvo é parecido com uma escrivaninha?"

Alice no País das Maravilhas, *capítulo VII*

"Naquela direção", disse o gato, acenando a pata direita,
"mora um Chapeleiro, e naquela direção", agitou a outra pa-
ta, "mora a Lebre de Março.
Visite um ou outro, tanto faz: os dois são loucos."
"Mas eu não quero me encontrar com gente louca", observou
Alice.
"Ah, você não pode remediar isso", disse o Gato: "aqui todos
somos loucos."

Alice no País das Maravilhas, *capítulo VI*

"Preste seu depoimento", disse o Rei, "e não fique nervoso, ou vou mandar executá-lo imediatamente."
Alice no País das Maravilhas, *capítulo XI*

A Mavis Gallant, sempre em busca de provas

[...] de sapatos — e barcos — e lacres —
De repolhos — e reis —
E por que o mar está fervendo —
E se os porcos têm asas.

Alice através do espelho, *capítulo IV*

Sumário

Agradecimentos 13
Prefácio — À mesa com o Chapeleiro Maluco 15

I. REGRAS SIMPLES

Notas para uma definição do leitor ideal 33
Como Pinóquio aprendeu a ler 38
A aids e o poeta 51

II. O LIVRO EM PARTES

O ponto. 67
Elogio das palavras 70
Uma breve história da página 74
Ilustrações e diálogos 85
Quarto para a sombra. 90

III. COMPRA E VENDA

Últimas respostas 107

Homenagem a Enoch Soames 113
Por que você está me contando isso? 119
Falsificações 126

IV. ALGUNS ESCRITORES

A biblioteca do Capitão Nemo: Júlio Verne. 143
Marta e Maria e as cascatas de Reichenbach:
    Stevenson e Conan Doyle. 149
Memória para o esquecimento:
    os ensaios de Robert Louis Stevenson 155
Jó revisitado: Yehuda Elberg 162
Et in Arcadia ego: Kenneth Grahame 168
Hora de fechar nos jardins do Ocidente: Cyril Connolly . . 176
Cassandra na Inglaterra: a visão profética de H. G. Wells . . 182
Anatomista da melancolia: Robert Burton 190
Elogio do inimigo: Javier Cercas. 199
Famous Last Words: Timothy Findley. 203
Algumas palavras no quadro-negro: Alejandra Pizarnik . . 211

V. PESSOAS E LUGARES

A última morada de Van Gogh. 217
A catedral inacabada 223
Cândido em Sanssouci 232

Agradecimentos

"Eu nunca peço conselhos sobre meu crescimento", disse Alice, indignada.

"É muito orgulhosa?", perguntou o outro.

Alice através do espelho, *capítulo VI*

Muitos desses artigos apareceram, de uma forma ou de outra, em diversas publicações. Gostaria de agradecer aos seguintes periódicos por sua hospitalidade: *Times Literary Supplement, Spectator, Le Monde, El País, Nexus, New York Times, La Revue des Deux Mondes* e *Süddeutsche Zeitung.* "A aids e o poeta" nasceu de uma leitura no PEN International de Londres. "Cândido em Sanssouci", de uma comunicação no "Einstein Lecture", em Weimar. "Como Pinóquio aprendeu a ler" foi apresentado na Bibliothèque Universitaire de Lausanne e em vários outros lugares. "Por que você está me contando isso?" foi a apresentação de uma coletânea de memórias publicada pelo Banff Centre Press.

Como minha compilação anterior de ensaios, *En el bosque del espejo*, esta deve sua existência a Craig Stephenson, que esquadrinhou meus textos, declarou muitos deles *scripta non grata* e organizou este volume. A ele, como sempre, gratidão e amor.

PREFÁCIO

À MESA COM O CHAPELEIRO MALUCO

E quem não é tolo?

Robert Burton, Anatomy of Melancholy

Quando nos olhamos num espelho, pensamos que a imagem que temos diante de nós é exata. Porém, basta nos movermos um milímetro e a imagem muda. Estamos olhando, na verdade, para uma infindável gama de reflexos. Mas às vezes um escritor precisa quebrar o espelho — pois é do outro lado do espelho que a verdade nos encara. Apesar das enormes variáveis existentes, creio que a determinação intelectual destemida, inarredável e feroz, como cidadãos, de definir a verdade real de nossas vidas e de nossa sociedade, é uma obrigação crucial, que cabe a todos nós. Ela é, de fato, imperiosa. Se essa determinação não estiver incorporada à nossa visão política, não teremos esperança de restabelecer o que está quase perdido para nós — a dignidade humana.

Harold Pinter, discurso do prêmio Nobel

Talvez o traço mais característico do mundo humano seja a insanidade. Formigas se deslocam em filas organizadas, para trás e para a frente, com modos impecáveis. Sementes crescem em árvores que perdem as folhas e voltam a florescer com uma clássica circularidade. Pássaros migram, leões matam, tartarugas se acasalam, vírus sofrem mutações, pedras viram pó, nuvens configuram e reconfiguram formas, sem consciência, felizmente, do que constroem e destroem. Só nós vivemos conscientes de que vivemos, e, mediante um código semicompartilhado de palavras, somos capazes de refletir sobre nossos atos, por mais contraditórios ou inexplicáveis que sejam. Curamos e ajudamos, fazemos sacrifícios, sentimos preocupação e piedade, criamos artifícios maravilhosos e dispositivos milagrosos para entender melhor tanto o mundo quanto nós mesmos. Ao mesmo tempo, baseamos nossa vida em superstições, acumulamos sem outro objetivo que a usura, magoamos outras pessoas deliberadamente, envenenamos a água e o ar que nos são necessários para sobreviver e, por fim, levamos nosso planeta à beira da destruição. Fazemos tudo isso com plena consciência de nossos atos, como se caminhássemos num sonho no qual fazemos o que sabemos que não deveríamos fazer e deixamos de fazer o que sabemos ser nosso dever. "Não podemos, então, definir a insanidade como a incapacidade de distinguir o sono da vigília?", escreveu Lewis Carroll em seu diário, em 9 de fevereiro de 1856.

No sétimo capítulo de suas viagens pelo mundo insano do País das Maravilhas, Alice encontra uma mesa situada sob uma árvore e com talheres para muitas pessoas. Embora a mesa seja grande, a Lebre de Março, o Chapeleiro Maluco e o Leirão estão amontoados, muito juntos num dos cantos, tomando chá, e os dois primeiros fazem de almofada o Leirão, que está dormindo. "Não tem lugar! Não tem lugar!", gritam quando veem Alice chegar. "Tem lugar *de sobra*!", diz Alice, indignada, sentando-se numa poltrona ampla num extremo da mesa.

Os modos dos anfitriões renuentes de Alice são claramente delirantes. Primeiro, a Lebre de Março lhe oferece vinho. Mas "não estou vendo vinho em nenhum lugar", observa Alice, olhando ao redor. "É que não tem", diz a Lebre de Março, e lhe oferece um pouco mais de chá. "Ainda não bebi nada", responde Alice, num tom ofendido, "de modo que não posso tomar um pouco mais." "Você quer dizer que não pode tomar *menos*", intervém o Chapeleiro, "é muito mais fácil tomar *mais* do que nada." Então, para satisfazer os caprichos do Chapeleiro Maluco, todos mudam de assento na mesa. Cada vez que este quer uma xícara limpa, todos têm de avançar um posto e passar para um assento surrado; obviamente, o único que sai ganhando com as mudanças é o próprio Chapeleiro. Alice, por exemplo, está "muito pior do que antes", porque a Lebre derramou o bule de leite em seu prato.

Como no mundo real, no País das Maravilhas tudo, por mais louco que pareça, tem um fundamento lógico, um sistema de regras que muitas vezes são intrinsecamente absurdas. As convenções da sociedade de Alice fizeram com que acreditasse que o comportamento dos mais velhos, onde quer que ela se encontre, é racional. Portanto, tentando compreender a lógica de seu estranho mundo de sonhos, Alice espera um comportamento racional das criaturas que encontra, mas, por diversas vezes, acaba se confrontando com sua loucura "lógica". "Durante toda a minha vida", disse Bertrand Russell em seu nonagésimo aniversário, "ouvi dizer que o homem é um animal racional. Em todos esses anos, não encontrei nenhuma prova disso." O mundo de Alice espelha a afirmação de Russell.

Como uma antropóloga amadora, Alice supõe que ao entender as convenções sociais do País das Maravilhas poderá entender também a lógica do comportamento de seus habitantes e, portanto, tenta seguir os procedimentos à mesa com um pouco de razão e de boas maneiras. Rebate as situações absurdas que se apresentam com questões racionais; tenta encontrar respostas inteligentes para as perguntas que lhe formulam, por mais ridículas que sejam. Tudo em vão. "Na verdade, agora que você me perguntou", diz ela, "não sei dizer se..." "Então não devia dizer nada", responde bruscamente o Chapeleiro.

Assim como em nosso mundo, os modos dos habitantes do País das Maravilhas trazem noções implícitas de responsabilidade e valor. O Chapeleiro, símbolo do perfeito egoísta, opõe-se à liberdade de expressão (exceto a sua) e dispõe de uma propriedade sobre a qual não tem direito (a mesa, afinal de contas, pertence à Lebre de Março). Não se importa com nada, a não ser com seu próprio conforto e benefício, e não está disposto a admitir nem mesmo os próprios bens, com medo de ter de prestar contas. (No decorrer do julgamento que acontece no final do livro, recusa-se a tirar o chapéu porque, observa, ele não é seu: "Eu só os tenho para vendê-los", explica, "nenhum deles é meu. Sou um chapeleiro".) Ao avaliar o que possui apenas pela soma pela qual pode vendê-lo, o Chapeleiro não precisa se preocupar com as consequências de seus atos, quer se relacionem a uma pilha de pratos sujos, quer às convenções ditadas por um tribunal.

O Chapeleiro aparece apenas uma vez no segundo livro, *Alice através do espelho* (preso por um crime que ele pode, ou não, vir a cometer algum dia), mas sua filosofia estendeu-se de ponta a ponta nos mundos oníricos de Alice. Na metade do capítulo III, quando Alice se vê, repentinamente, num vagão de trem diante de um fiscal furibundo que exige ver seu bilhete, o juízo de valor do Chapeleiro repercute num coro misterioso de avaliadores invisíveis.

"Vamos lá! Mostre-me seu bilhete, menina!", continuou o fiscal, olhando zangado para Alice. E numerosas vozes entoaram em conjunto ("como o estribilho de uma canção", pensou Alice): "Não o deixe esperando, menina! Porque seu tempo vale mil libras por minuto!"

"Sinto muito, não consegui comprar", disse Alice num tom assustado: "não havia guichê no lugar de onde eu vim." E ouviu-se novamente o coro de vozes: "Não havia lugar para um guichê no lugar de onde ela veio. Lá o terreno vale mil libras a polegada!".

"Não me venha com desculpas," disse o fiscal: "você devia ter comprado um com o maquinista." E o coro de vozes prosseguiu: "O homem que dirige a locomotiva. Ora, se só a fumaça vale mil libras a baforada!".

Alice pensou consigo mesma: "Então de nada adianta falar". As vozes não se uniram, *desta* vez, porque ela não tinha dito nada, mas, para sua grande surpresa, todas elas *pensaram* em coro (espero que você entenda o que significa *pensar em coro* — pois confesso que *eu* não entendo): "Melhor não dizer absolutamente nada. A linguagem vale mil libras por palavra!".

"Esta noite vou sonhar com mil libras, sei que vou!", pensou Alice.

Quer se trate da vastidão do tempo, quer da imensidão do espaço, de um simples rolo de fumaça ou das palavras que pronunciamos, tudo, segundo a multidão invisível que repete o código do Chapeleiro, tem um valor monetário — nesse caso, de mil libras. Para essas Fúrias de mentalidade financeira, tudo pode ser comprado e vendido, tudo (como o chapéu do Chapeleiro) pode se converter em mercadoria negociável.

Há uma cena em nossa própria história que poderia ter acontecido nos livros de Alice. Esgotado por sucessivas batalhas, convencido da inutilidade de seguir lutando e tendo decidido ser preferível capitular a perder não só a liberdade como a vida, no verão de 1520 o rei asteca Montezuma, prisioneiro dos espanhóis, concordou em entregar a Hernán Cortés o vasto tesouro que seu pai, Axayáctl, reunira com tanto esforço e em jurar lealdade ao rei de Espanha, aquele monarca distante e invisível cujo poder Cortés representava. Comentando a cerimônia, o cronista espanhol Fernando de Oviedo relata que Montezuma chorou o tempo todo, e, apontando a diferença entre o encargo que é aceito voluntariamente por uma pessoa livre e o que é pesarosamente executado por alguém acorrentado, Oviedo cita o poeta romano Marcus Varro, "O que é entregue à força não é serviço, mas espoliação".*

Segundo todos os testemunhos, o tesouro real asteca era magnífico, e ao ser reunido diante dos espanhóis formou três grandes pilhas de ouro compostas, em grande parte, de utensílios requintados, cujo propósito secreto sugeria sofisticadas cerimônias sociais; colares intrincados, braceletes, cetros e leques decorados com penas multicoloridas, pedras preciosas e pérolas; e pás-

---

* *Historia de las Indias*, 33:9

saros, insetos e flores cuidadosamente cinzelados, que, segundo o próprio Cortés, *"demás de su valor, eran tales, y tan maravillosas, que consideradas por su novedad, y estrañeza, no tenían precio, ni es de creer, que alguno de todos los Príncipes del Mundo de quien se tiene notícia las pudiese tener tales, y de tal cualidad".**

Montezuma pretendia que o tesouro fosse um tributo de sua corte ao rei espanhol. Mas os soldados de Cortés exigiram que o tesouro fosse tratado como butim e que cada um deles recebesse uma parte do ouro. Um quinto do tesouro pertenceria por direito ao rei da Espanha, e uma parcela igual ao próprio Cortés. Uma grande soma foi destinada a indenizar o governador de Cuba pelo custo da expedição. A guarnição de Veracruz e os nobres mais importantes esperavam sua cota, bem como a cavalaria, os arcabuzeiros e os arqueiros, que tinham direito a pagamento duplo. Isso deixava cem pesos para cada soldado raso, uma soma tão insignificante diante de suas expectativas que, no fim, muitos se recusaram a aceitá-la.

Cedendo à vontade de seus homens, Cortés ordenou aos afamados ourives de Azcapotzalco que convertessem os preciosos objetos de Montezuma em lingotes, em que se estamparam as armas reais. Os ourives levaram três dias para realizar a tarefa. Hoje, os visitantes do Museu do Ouro de Santa Fé de Bogotá podem ler, gravados na pedra sobre a porta, os seguintes versos, dirigidos por um poeta asteca aos conquistadores espanhóis: *"Maravíllome de vuestra ceguera y locura, que deshacéis las joyas bien labradas por hacer de ellas palillos".***

---

* "As quais, além de seu valor, eram tais, e tão maravilhosas, que consideradas por sua novidade, e estranheza, não tinham preço, nem é de acreditar que algum entre todos os Príncipes de que se tem notícia pudesse tê-las tais, e de tal qualidade." Hernán Cortés, *Relación Segunda*, p. 99.

** "Maravilho-me de vossa cegueira e loucura, que desfazeis as joias bem lavradas para fazer delas vigotes."

* * *

A questão do valor é muito antiga. Para Cortés, o valor de uma obra de arte cuja "novidade e estranheza" a tornavam inestimável, era, no entanto, inferior ao valor da matéria-prima com que essa obra fora feita e à qual se conferira um valor (ainda que flutuante e simbólico) de mercado. Como o próprio ouro era a medida do valor de suas transações sociais, ele sentiu-se justificado ao converter as obras de arte asteca em lingotes. (Em nossa época, o empresário que comprou *Os girassóis*, de Van Gogh, e guardou o quadro num cofre agiu exatamente com a mesma convicção.) Existem outros valores, claro. A língua alemã, por exemplo, emprega diversas palavras para denotar o valor e seus diferentes significados, tais como *Gewalt* (a qualidade do poder), *Wert* (a importância convencionada de algo), *Geltung* (o valor corrente), *Gültigkeit* (o valor ou utilidade oficial), nas áreas da moral, da estética, da expertise e da epistemologia. Mas para Cortés o valor monetário era superior a todos eles. Uma concepção tão absoluta permitiu que Montesquieu, dois séculos mais tarde, sugerisse sarcasticamente que, se a compra e a venda haviam se transformado em nossas escalas de valores, "um homem vale o preço pelo qual poderia ser vendido em Argel".*

Se aceitamos, como Cortés, a primazia dos valores econômicos, mudamos nossa relação com todas as atividades criativas. Se o lucro financeiro é o objetivo final, o que buscamos é uma espécie de perfeição: a produção de artefatos que possam, facilmente, converter-se em dinheiro. Ou seja: num mundo no qual o valor monetário é a medida de todas as coisas, as obras de arte que de per si não oferecem um retorno financeiro imediato, que deman-

---

* "*qu'un homme en Angleterre vaut ce qu'on le vendrait à Alger*". *De l'esprit des lois, quatrième partie*, livro xxiii, cap. 17.

dam procedimentos demorados e difíceis e que não podem ser definidas mediante etiquetas ou *bytes* de som, e que não geram benefícios comerciais por meio de complexos meandros estéticos, éticos ou filosóficos, devem ser descartadas ou, ao menos, receber pouquíssima consideração. O fracasso, cuja aceitação é inerente a qualquer atividade criativa, é visto, sob essa luz, como um anátema, como as criações poéticas que Shelley chamou de "crias da imortalidade", considerando que a lei econômica exige de qualquer coisa criada trazer consigo sua própria mortalidade, sua data "de validade" que determina até quando a cadeia produtiva pode continuar vendendo seus produtos. As qualidades artísticas de uma obra devem submeter-se ao gosto da maioria ou, em certos casos, a um suposto gosto "elitista" a que a maioria pode, conforme lhe disseram, ter acesso por uma determinada soma de dinheiro. Sob a avaliação comum do valor econômico, todos os outros valores se apagam ou desaparecem.

Essa necessidade de consumo é criada não pela abertura de novas áreas da pesquisa intelectual e emocional do próprio trabalho artístico, mas por campanhas planejadas que, inspiradas em estatísticas e pesquisas de mercado, inventam efetivamente uma pré-história de desejos por algo que mais tarde será deliberadamente produzido para satisfazê-los. Os leitores não sabem que "precisam" dos livros de Alice até que descobrem e leem a obra de Carroll, percebendo como seus escritos dão voz a suas próprias experiências, nunca pronunciadas antes disso. Entretanto, é possível produzir livros para aliviar uma "necessidade" espiritual depois de difundir pseudomisticismos pré-fabricados acessíveis a todos, enchendo livrarias com advertências apocalípticas e teorias conspiratórias baseadas, naturalmente, em angústias reais e temores coletivos. Mas enquanto Carroll, mesmo ao retratar nossos pesadelos mais obscuros, não oferece soluções consoladoras e sim perguntas complexas, no estilo dos antigos oráculos, os textos-Alice da moda nos inundam com respostas asseadas, abreviadas e redondas, e superficialmente satisfatórias, catecismos que dão a seus leitores a ilusão de terem resolvido enigmas imemoriais que, por sua própria natureza, devem ficar sem solução.

Em nossa época, para criar e manter a engrenagem forte e eficiente do lucro financeiro, escolhemos coletivamente a velocidade em vez da lentidão deliberada, respostas intuitivas em vez da reflexão crítica detalhada, a satisfação de conclusões automáticas ao alcance da mão em vez do prazer da concentração e da tensão entre várias possibilidades que não exigem um fim conclusivo. Se o lucro é a meta, a criatividade deve sofrer. Ouvi certa vez um cientista, discutindo a falta de apoio para a pesquisa científica fora das indústrias privadas, comentar: "A eletricidade não foi descoberta com a intenção de se produzir lâmpadas melhores".

É notório que cada época desenvolve seu próprio gênero artístico para sua própria classe de tolos. Na Idade Média, os sermões dos charlatães e as profecias dos adivinhos eram dois dos mais populares; nos tempos de Carroll, eram os romances "bobos" de três volumes e as fábulas. Em nossa época, a arte dos tolos *par excellence* é a arte da propaganda — comercial, política ou religiosa —, a habilidade para despertar o desejo pelo que é efêmero e perecível. A publicidade começa com uma mentira, com a afirmação de que a marca X é mais importante, ou mais necessária, ou simplesmente melhor que as outras marcas, e que sua posse, como os objetos mágicos nos contos de fadas, tornará seu dono mais sábio, mais bonito, mais poderoso que seu vizinho. A suspensão voluntária da incredulidade que Coleridge exigia dos leitores é nuançada, na publicidade, por uma suspensão induzida e simultânea da credulidade: os bens ou serviços anunciados não requerem tanto a credulidade ou a incredulidade quanto uma espécie de fé insípida no objeto imaginário criado, em que algumas imagens coloridas e inócuas, alguns símbolos convencionais despojados de significado, algumas afirmações ou ordens simples, adormecem o espectador e o fazem entrar num estado de vácuo desejoso. Essas imagens nos cercam o tempo todo e em toda parte. Quando falamos dessa moderna "cultura de imagens", esquecemos que essa cultura já estava presente nos tempos de nossos antepassados pré-históricos, só que as imagens das cavernas, das igrejas medievais ou das paredes dos templos astecas tinham significados profundos e complexos, ao passo que as nossas são deliberadamente banais e superficiais. Não é casual que as agências de publicidade controlem o mercado contemporâneo de arte, no qual a banalidade e a superficialidade voluntárias foram transformadas em qualidades que justificam o valor monetário de uma obra.

Ambas as qualidades, no entanto, respondem a uma visão de mundo. Tal como o reconhecemos desde o momento em que nascemos, o mundo é uma biblioteca de signos, um arquivo de textos misteriosos, uma galeria de imagens incitantes, algumas arbitrárias ou casuais, outras deliberadamente criadas, que sentimos dever decifrar e ler. Uma tendência natural, que a professora Giovanna Franci chama de "a ansiedade de interpretar", faz com que acreditemos que tudo é linguagem, imagens de um vocabulário cuja chave talvez esteja perdida, ou jamais tenha existido, ou deva ser criada novamente para explorar as páginas do livro universal. Plantas, animais, nuvens, os rostos e os gestos dos outros, as paisagens e as correntes marítimas, as constelações e os rastros numa floresta, têm seu equivalente em pictogramas e ideogramas, em letras e sinais codificados com os quais tentamos expressar nossa experiência do mundo. Os astecas chamavam seus manuscritos coloridos de "mapas", uma palavra melhor para explicitar essa relação que nosso neutro vocábulo "texto".

Mas também existem mapas falsos que não levam a lugar nenhum, a não ser a nós mesmos. O Chapeleiro inspirou uma imensa cartografia desse tipo, produzida nos últimos vinte ou trinta anos por filósofos, sociólogos e economistas que, expondo seus argumentos numa linguagem elegante, e protegidos por alguma versão da liberdade de expressão, defendem as virtudes da cobiça e do enriquecimento pessoal, fornecendo argumentos intelectuais para aqueles que utilizam seu poder para alcançá-los. Aferrando-se ao que já tem e tentando, ao mesmo tempo, sempre entesourar maiores lucros, o Chapeleiro não oferece nada: aponta para a mesa posta e diz que é preciso *tomar* mais e acreditar que "é muito mais fácil tomar *mais* do que nada". Na realidade, não é muito fácil tomar mais do que nada, como sabem milhões de pessoas em nosso planeta. Mas as regras do chá dos loucos são as mesmas do mundo que construímos, de modo que podemos nos apropriar de vastos espaços que são de muitos, podemos oferecer vinho inexistente e "mais" chá a quem ainda não o tomou, podemos nos apropriar de novos territórios depois de termos arruinado os que estamos ocupando. Acumular mais do que realmente precisamos ou podemos aproveitar, propor a outros uma participação numa cultura comum erodida dia a dia e que vai sendo gradualmente substituída por "nada", sugerir aos pobres e necessitados que se sirvam "mais" das riquezas comuns quando estas nunca estiveram ao seu alcance, rapar, escavar ou passar o arrastão em grandes áreas de nosso planeta e depois partir para outras, deixando para trás o lixo e o esgoto, esses são os métodos de nossa loucura global, não importando se lidamos com nosso próximo, com florestas e mares, com a terra que habitamos ou com o ar que respiramos. São métodos pelos quais parecemos compartilhar com os demais nossa sorte e nossa desgraça, quando na realidade não compartilhamos nada, escondemos nosso vinho e guardamos nosso chá.

Quem, hoje, se senta à mesa do Chapeleiro Maluco não são as criaturas imaginárias com as quais Alice se encontrou, mas seres dolorosamente reais: os herdeiros de Cortés, que reduzem toda a criação a paus e pedras; os mercadores que acreditam ser a única medida de valor a do lucro financeiro, e que o modo mais seguro de aumentar os ganhos é diminuindo o nível intelectual do público;* os catequistas para os quais a arte não é um diálogo nem um intercâmbio de questões, mas uma série de respostas ingênuas e opressivas; os bricabraquistas que podem transformar tudo em mercadoria vendável; os filósofos que, em nome de considerações pessoais ou de noções abstratas de justiça, emprestam seus argumentos para os que estão no poder; os egoicos que, sob a proteção da liberdade civil, acreditam ser a tolerância a virtude que lhes permite discriminar entre "os de cima" e "os de baixo"; os publicitários de virtudes batidas, criadores de falsas necessidades; os líderes religiosos que consideram ter a divindade concedido a sua igreja, e não a outra, a graça, a iluminação e uma posição privilegiada acima de todos os outros credos; os revolucionários, para os quais não pode haver purificação sem destruição; os líderes políticos, para os quais a riqueza e o poder são prova de retidão e autoridade moral.*

Alice e as sombras de seu País das Maravilhas representam para nós os papéis que representamos no mundo real. Sua loucura é trágica ou divertida, eles mesmos são loucos exemplares ou testemunhas eloquentes da loucura de seus irmãos sombrios, eles nos contam histórias de comportamentos absurdos ou insanos que refletem os nossos, para que possamos vê-los e entendê-los melhor. A diferença reside em que sua loucura, diferentemente da nossa, está contida entre as margens da página, emoldurada

---

* Como André Schiffrin assinala no caso de S. I. Newhouse, o magnata que comprou a Random House. Cf. André Schiffrin.

28

pela imaginação incerta de seu autor. Crimes e maldades, no mundo real, têm fontes tão profundas e consequências tão longínquas que não conseguimos compreendê-los completamente, podemos apenas recortá-los rapidamente, guardá-los num arquivo judicial ou observá-los sob as lentes da psicanálise. Nossas ações, ao contrário das ações das grandes criaturas loucas da literatura, infiltram-se extensivamente pelo mundo, infectando cada coisa e cada lugar para além de toda ajuda e propósito. A loucura do mundo é ininteligível. Podemos (e o fazemos, é claro) experimentá-la, sofrê-la no corpo e na mente, cair sob seu peso impiedoso e ser arrastados por sua corrida implacável rumo ao precipício. Também podemos, em alguns momentos iluminados, emergir dessa loucura por meio de atos extraordinariamente humanos, irracionalmente sábios e insanamente audazes. Para tais atos, palavras não são suficientes. E no entanto, com o melhor da linguagem, podemos capturar nossa loucura em suas próprias ações, obrigá-la a se repetir e a representar suas crueldades e catástrofes (e mesmo suas façanhas gloriosas), mas dessa vez por meio de uma observação lúcida e com uma emoção protegida sob a coberta asséptica da literatura, iluminada pela lâmpada de leitura sobre o livro aberto.

Os seres de carne e osso sentados à mesa com o Chapeleiro Maluco — os líderes militares, os torturadores, os banqueiros internacionais, os terroristas, os exploradores — não podem ser forçados a contar sua história, a confessar, a pedir perdão, a admitir que são seres racionais culpados por crueldade intencional e atos destrutivos. Mas é possível narrar histórias sobre eles que permitem certa compreensão do que fizeram e uma empatia judiciosa. Seus atos não admitem nenhuma explicação racional, seguem uma lógica absurda, mas sua loucura e seu terror podem ser captados por nós, em todo o seu fogo devorador e esclarecedor, em relatos ou "mapas" nos quais eles misteriosamente podem emprestar a nossa loucura uma espécie de racionalidade iluminada, transparente o bastante para esclarecer nosso comportamento, e ambígua o suficiente para nos ajudar a aceitar o indefinível.

I.

REGRAS SIMPLES

[...] *pois já lera várias historinhas bonitas sobre crianças que tinham se queimado, que tinham sido devoradas por feras selvagens, e outras coisas desagradáveis, e tudo porque não* quiseram *se lembrar das regras simples que seus amigos lhes haviam ensinado; por exemplo, que um atiçador incandescente queima se você o segurar por* muito *tempo nas mãos; e que, se você faz um corte muito profundo no dedo com uma faca, geralmente ele sangra; e ela nunca se esqueceu de que, se você beber demais de uma garrafa com o rótulo de "veneno", é quase certo que vai lhe fazer mal, mais cedo ou mais tarde.*

Alice no País das Maravilhas, *capítulo I*

Notas para uma definição do leitor ideal

O leitor ideal é o escritor no exato momento que antecede a reunião das palavras na página. O leitor ideal existe no instante que precede o momento da criação. O leitor ideal não reconstrói uma história: ele a recria. O leitor ideal não segue uma história: participa dela. Um famoso programa da BBC sobre livros infantis começava, invariavelmente, com o animador perguntando: "Vocês estão sentados confortavelmente? Então vamos começar". O leitor ideal é também o *sentador* ideal. Representações de são Jerônimo mostram-no debruçado sobre sua tradução da Bíblia, ouvindo a palavra de Deus. O leitor ideal deve aprender a ouvir. O leitor ideal é o tradutor. Ele é capaz de dissecar o texto, retirar a pele, fazer um corte até a medula, seguir cada artéria e cada veia e depois dar vida a um novo ser sensível. O leitor ideal não é um taxidermista. Para o leitor ideal todos os recursos são familiares.

Para o leitor ideal todas as brincadeiras são novas.

"É preciso ser um inventor para ler bem." Ralph Waldo Emerson.

O leitor ideal tem uma aptidão ilimitada para o esquecimento. Ele pode afastar de sua memória o conhecimento de que Dr. Jekill e Mr. Hyde são a mesma pessoa, que Julien Sorel terá sua cabeça cortada, que o nome do assassino de Roger Ackroyd é Fulano de Tal.

O leitor ideal não está interessado nos escritos de Brett Easton Ellis.

O leitor ideal sabe aquilo que o escritor apenas intui.

O leitor ideal subverte o texto. O leitor ideal não pressupõe as palavras do escritor.

O leitor ideal é um leitor cumulativo: sempre que lê um livro ele acrescenta uma nova camada de lembranças à narrativa.

Todo leitor ideal é um leitor associativo. Lê como se todos os livros fossem obra de um autor intemporal e prolífico.

O leitor ideal não pode expressar seu conhecimento por meio de palavras.

Depois de fechar o livro, o leitor ideal sente que se não o tivesse lido o mundo seria mais pobre.

O leitor ideal tem um senso de humor perverso.

O leitor ideal jamais contabiliza seus livros.

O leitor ideal é ao mesmo tempo generoso e ávido.

O leitor ideal lê toda literatura como se fosse anônima.

O leitor ideal gosta de usar o dicionário.

O leitor ideal julga um livro por sua capa.

Ao ler um livro de séculos atrás, o leitor ideal sente-se imortal.

Paolo e Francesca não eram leitores ideais, pois confessaram a Dante que depois de seu primeiro beijo pararam de ler. Leitores ideais teriam se beijado e continuariam lendo. Um amor não exclui o outro.

O leitor ideal não sabe que é o leitor ideal até chegar ao final do livro.

O leitor ideal compartilha a ética de Dom Quixote, o desejo de Madame Bovary, a luxúria da esposa de Bath, o espírito aventureiro de Ulisses, a integridade de Holden Caufield, ao menos no espaço textual.

O leitor ideal percorre as trilhas conhecidas. "Um bom leitor, um leitor importante, um leitor ativo e criativo é um leitor que relê." Vladimir Nabokov.

O leitor ideal é politeísta.

O leitor ideal assegura, para um livro, a promessa da ressurreição.

Robinson Crusoe não é um leitor ideal. Lê a Bíblia para encontrar respostas. Um leitor ideal lê para encontrar perguntas.

Todo livro, bom ou ruim, tem seu leitor ideal.

Para o leitor ideal, cada livro é lido, até certo ponto, como sua própria autobiografia.

O leitor ideal não tem uma nacionalidade precisa.

Às vezes, um escritor pode esperar muitos séculos para encontrar seu leitor ideal. Blake demorou 150 anos para encontrar Northrop Frye.

O leitor ideal de Stendhal: "Eu escrevo para apenas cem leitores, para seres infelizes, amáveis, encantadores, nunca moralistas ou hipócritas, aos quais eu gostaria de agradar; só conheço um ou dois deles".

O leitor ideal conhece a infelicidade.

Os leitores ideais mudam com a idade. Aquele que aos catorze anos foi o leitor ideal dos *Veinte poemas de amor* de Neruda já não o é aos trinta. A experiência apaga o brilho de certas leituras.

35

Pinochet, que proibiu *Dom Quixote* por pensar que esse livro incitava à desobediência civil, foi seu leitor ideal.

O leitor ideal jamais esgota a geografia do livro.

O leitor ideal deve estar disposto não apenas a suspender a incredulidade, mas a abraçar uma nova fé.

O leitor ideal nunca pensa: "Se ao menos...".

Anotações nas margens indicam um leitor ideal.

O leitor ideal faz proselitismo.

O leitor ideal é volúvel e não sente culpa disso.

O leitor ideal é capaz de se apaixonar por um dos personagens do livro.

O leitor ideal não se preocupa com os anacronismos, com a verdade documentada, com a exatidão histórica, com a precisão topográfica. O leitor ideal não é um arqueólogo.

O leitor ideal é um cumpridor implacável das regras e normas que cada livro cria para si mesmo.

"Há três tipos de leitor: um, que aprecia o livro sem julgá-lo; três, que o julga sem apreciá-lo; outro, no meio, que o julga enquanto o aprecia e o aprecia enquanto o julga. O último tipo verdadeiramente reproduz uma obra de arte novamente; seus exemplos não são numerosos." Goethe, em carta a Johann Friedrich Rochlitz.

Os leitores que cometeram suicídio depois de ler *Werther* não eram ideais, mas simplesmente leitores sentimentais.

Os leitores ideais quase nunca são sentimentais.

O leitor ideal quer chegar ao final do livro e ao mesmo tempo saber que o livro jamais terminará.

O leitor ideal nunca se impacienta.

O leitor ideal não liga para os gêneros.

O leitor ideal é (ou parece ser) mais inteligente do que o escritor; o leitor ideal não usa isso contra ele.

Há um momento em que cada leitor se considera o leitor ideal.

Boas intenções não são suficientes para produzir um leitor ideal.

O Marquês de Sade: "Só escrevo para quem é capaz de me entender, e eles me lerão sem perigo".

O Marquês de Sade está errado: o leitor ideal está sempre em perigo.

O leitor ideal é o personagem principal de um romance.

Paul Valéry: "Um ideal literário: saber, enfim, não dispor na página nada além do 'leitor'".

O leitor ideal é alguém com quem o autor não se importaria em passar uma noite bebendo uma taça de vinho.

Um leitor ideal não deveria ser confundido com um leitor virtual.

Um escritor nunca é seu próprio leitor ideal.

A literatura não depende de leitores ideais, mas apenas de leitores suficientemente bons.

Como Pinóquio aprendeu a ler

As pessoas não sabem quanto tempo e esforço são necessários para aprender a ler. Trabalho nisso há oito anos, e ainda não posso dizer que consegui.

Goethe, Conversas com Eckermann

Li pela primeira vez *As aventuras de Pinóquio*, de Carlo Collodi, há muitos anos, em Buenos Aires, aos oito ou nove anos, numa imprecisa tradução para o espanhol com os desenhos originais em preto e branco de Mazzanti. Vi o filme da Disney algum tempo depois, e fiquei aborrecido com o grande número de mudanças: o Tubarão asmático que engoliu Gepeto se transformara na baleia Monstro; o Grilo, em vez de desaparecer e reaparecer, adotara o nome de Jiminy e perseguia Pinóquio com bons conselhos; o rabugento Gepeto se transformara num ancião afável, dono de um peixinho-dourado chamado Cleo e de um gato chamado Fígaro. E a maioria dos episódios mais memoráveis tinha sido cortada. Em nenhum lugar, por exemplo, a Disney mostrava Pinóquio (como fazia Collodi naquela cena do livro que eu achava a mais parecida com um pesadelo) presenciando sua própria morte, quando, depois de recusar-se a tomar seu remédio, quatro coelhos "negros como tinta" chegam para carregá-lo num pequeno ataúde preto. Na versão original, a passagem de Pinóquio da madeira para a carne e o sangue era para mim uma busca tão emocionante quanto a de Alice ao tentar encontrar a saída do País das Maravilhas ou a de Ulisses em busca de sua amada Ítaca. Exceto pelo final: quando, nas últimas páginas, Pinóquio é recompensado e se transforma "num menino alinhado de cabelos castanhos e olhos azuis", eu me alegrei e senti, também, uma estranha insatisfação.

Naquela época eu não sabia, mas pensava que *As aventuras de Pinóquio* me agradavam por serem aventuras de aprendizado. A saga do boneco é a da educação de um cidadão, o velho paradoxo de alguém que quer entrar na sociedade humana comum e, ao mesmo tempo, tenta descobrir quem realmente é, não como é visto pelos olhos dos outros, e sim por seus próprios olhos. Pinóquio quer ser "um menino de verdade", mas não qualquer menino, não uma versão pequena e obediente do cidadão ideal. Pinóquio quer ser o que ele realmente é sob a madeira pintada. Infelizmente (pois Collodi interrompe a educação de Pinóquio antes dessa epifania), ele nunca o consegue completamente. Pinóquio se transforma num bom garotinho que aprendeu a ler, mas jamais num leitor.

Desde as primeiras páginas, Collodi instaura um conflito entre Pinóquio, o Rebelde, e a sociedade da qual ele quer participar. Antes mesmo de Pinóquio assumir a forma de um fantoche, apresenta-se como um pedaço de madeira rebelde. Não acredita em "ser visto e não ouvido" (lema que se aplicava às crianças no século XIX) e provoca uma disputa entre Gepeto e seu vizinho (outra cena apagada pela Disney). Depois começa a fazer birra quando vê que não há nada para comer a não ser algumas peras,

39

e quando adormece junto ao fogo e queima seus dois pés, espera que Gepeto (o representante da sociedade) fabrique novos para ele. Faminto e aleijado, Pinóquio, o Rebelde, não se conforma em ficar faminto ou inválido numa sociedade que deveria fornecer-lhe alimento e cuidados médicos. Mas Pinóquio também está consciente de que as exigências que faz à sociedade devem ser correspondidas. Assim, ao receber comida e novos pés, diz para Gepeto: "Para pagar o que você fez por mim, a partir de agora irei para a escola".

Na sociedade de Collodi, a escola é o primeiro lugar para mostrar que se é responsável. A escola é o centro de treinamento para transformar-se em alguém capaz de "pagar" pelos cuidados da sociedade. Pinóquio resume isso da seguinte maneira:

> Hoje, na escola, vou aprender a ler direito, amanhã vou aprender a escrever, e depois de amanhã vou aprender aritmética. Depois, com minhas habilidades, vou ganhar muito dinheiro, e com o primeiro dinheiro que tiver no bolso vou comprar para o meu pai uma jaqueta de lã bem bonita. Mas, o que eu estou dizendo, lã? Vou lhe comprar uma toda bordada de prata e de ouro, com botões de diamantes. O coitado bem que merece isso, porque, afinal de contas, para comprar livros para mim e me educar ficou em mangas de camisa... em pleno inverno!

Pois para comprar para Pinóquio uma cartilha (essencial para seu comparecimento à escola) Gepeto vendeu sua jaqueta. Gepeto é um homem pobre mas, na sociedade de Collodi, a educação requer sacrifício.

O primeiro passo, portanto, para se transformar num cidadão é aprender a ler. Mas o que significa isso, "aprender a ler"? Muitas coisas.

Primeiro, o processo mecânico de aprender o código da escrita na qual está codificada a memória de uma sociedade. Segundo, o aprendizado da sintaxe que comanda esse código.

Terceiro, o aprendizado de como as inscrições nesse código servem para conhecer de maneira profunda, imaginativa e prática nossa identidade e a do mundo que nos cerca. Esse terceiro aprendizado é o mais difícil, o mais perigoso, o mais poderoso — e o que Pinóquio jamais poderá alcançar. Pressões de toda espécie — as tentações com que a sociedade o afasta de sua meta, a zombaria e a inveja de seus colegas, a orientação distante de seus preceptores morais — confrontam Pinóquio com uma série de obstáculos quase insuperáveis para sua transformação em leitor.

A leitura é uma atividade pela qual os governos sempre manifestaram um limitado entusiasmo. Não por acaso, nos séculos XVIII e XIX aprovaram-se leis proibindo que se ensinasse os escravos a ler, até mesmo a Bíblia, posto que (segundo se argumentava, com razão) qualquer um que pudesse ler a Bíblia poderia ler também um panfleto abolicionista. Os esforços e os estratagemas que os escravos idealizaram para aprender a ler são prova suficiente da relação entre a liberdade civil e o poder do leitor, e do medo que essa liberdade e esse poder infundiram em todo tipo de governante.

Mas antes que a possibilidade de aprender a ler seja considerada numa sociedade que se autodenomina democrática, suas leis têm de satisfazer uma série de necessidades básicas: alimento, moradia, assistência médica. Num comovente ensaio sobre sociedade e aprendizado, Collodi expressou a seguinte opinião sobre a tentativa dos republicanos de implementar, na Itália, um sistema de escolaridade obrigatória: "A meu ver, até agora temos pensado mais na cabeça do que no estômago das classes que sofrem e passam necessidade. Agora vamos pensar um pouco no estômago". Pinóquio, que não desconhece a fome, tem plena consciência dessa necessidade básica. Ao imaginar o que faria se tivesse 100 mil moedas e se transformasse num cavalheiro endinheirado, sonha com um belo palácio com uma biblioteca "abarrotada de frutas caramelizadas, bolos, *panettoni*, tortas de amêndoas e biscoitos recheados com nata". Os livros, como Pinóquio sabe muito bem, não alimentam um estômago faminto. Quando as más companhias de Pinóquio lhe atiram seus livros com uma pontaria tão ruim que eles caem no mar, uma escola de peixes vem à tona para mordiscar as páginas encharcadas, que cospem em seguida, dizendo: "Isto não serve para nós; estamos acostumados a comer muito melhor". Numa sociedade em que as necessidades básicas do cidadão não são atendidas, os livros são um alimento pobre; mal utilizados, podem ser mortais. Quando um dos garotos joga em Pinóquio um *Manual de aritmética* grosso e encadernado, em vez de acertar o boneco o livro acerta a cabeça de outro dos garotos, matando-o. Quando não é usado, quando não é lido, o livro é uma arma mortal.

Mesmo implantando um sistema que possa atender a essas necessidades básicas e implementar a educação obrigatória, a sociedade também oferece a Pinóquio as distrações desse sistema, as tentações do entretenimento, que não exigem esforço físico nem mental. Primeiro sob a forma da raposa e do gato, dizendo a Pinóquio que a escola os deixou mancos e cegos; depois, na criação da Terra dos Brinquedos, que Pavio, o amigo de Pinóquio, descreve com estas sedutoras palavras: "Aqui não tem escolas; aqui não tem professores; aqui não tem livros... Esse é o tipo de lugar que me atrai! Todos os países civilizados deveriam ser assim!". Pavio associa os livros à dificuldade, e a dificuldade (tanto no mundo de Pinóquio quanto no nosso) adquiriu um sentido negativo que nem sempre teve. A expressão latina "*per ardua ad astra*", pelas dificuldades alcançamos as estrelas, é quase incompreensível para Pinóquio (e também para nós), já que se espera que tudo possa ser obtido com o mínimo de esforço possível. Mas a sociedade não encoraja essa necessária busca da dificuldade, esse incremento da experiência. Assim que Pinóquio sofre as primeiras desventuras e aceita a escola e se transforma num bom aluno, os outros meninos começam a atacá-lo por ser o que hoje em dia chamaríamos de um "cê-dê-efe", e riem dele por "prestar atenção no professor". "Você fala como um livro!", dizem. A linguagem pode permitir ao falante permanecer na superfície do pensamento, repetindo slogans dogmáticos e lugares-comuns em branco e preto, transmitindo mensagens em vez de significado, pondo o peso epistemológico no ouvinte (como na frase: "Você sabe do que estou falando?"). Ou pode ajudá-lo a tentar recriar uma experiência, dar forma a uma ideia, explorar em profundidade e não apenas na superfície o insight de uma revelação. Para os outros garotos, essa diferença é invisível. Para eles, o fato de Pinóquio "falar como um livro" é suficiente para rotulá-lo como um marginal, um traidor, um recluso em sua torre de marfim.

A sociedade, finalmente, põe no caminho de Pinóquio vários personagens que devem lhe servir como guias morais, como Virgílio em sua exploração dos círculos infernais deste mundo. O Grilo Falante, que Pinóquio esmaga contra uma parede num capítulo anterior, mas que sobrevive milagrosamente para ajudá-lo mais tarde; a Fada Azul, que aparece para ele primeiro sob a forma de uma bela menina de cabelos azuis, numa série de encontros dignos de um pesadelo; o Atum, um filósofo estoico que diz a Pinóquio, após terem sido engolidos por um monstro marinho, que "aceite a situação e espere que o tubarão digira nós dois". Mas todos esses "mestres" abandonam Pinóquio a seu próprio sofrimento, pouco dispostos a lhe fazer companhia nos momentos de escuridão e angústia. Nenhum deles o ensina a refletir sobre sua própria condição, nenhum deles o anima a descobrir o que significa seu desejo de "transformar-se num menino". Como se recitassem manuais escolares sem estimular as leituras pessoais, essas figuras magistrais estão interessadas apenas na aparência acadêmica da instrução, na qual a atribuição dos papéis — professor *versus* aluno — deveria ser suficiente para que se dê o "aprendizado". Como professores, são imprestáveis, pois acreditam que só devem prestar contas à sociedade, não ao aluno.

Apesar de todas essas limitações — diversão, derrisão, abandono —, Pinóquio consegue galgar os dois primeiros degraus de aprendizado da sociedade: aprende o alfabeto e aprende a ler a superfície de um texto. Nesse ponto, ele para. A partir desse momento, os livros se transformam em lugares neutros, próprios para o exercício desse código, aprendido para que dele se extraia, no fim, uma moral convencional. A escola o preparou para ler propaganda.

Como Pinóquio não aprendeu a ler em profundidade, a "entrar" num livro e explorá-lo até os seus (às vezes inalcançáveis) limites, ele sempre irá ignorar que suas próprias aventuras têm fortes raízes literárias. Sua vida (ele não sabe disso) é, de fato, uma vida literária, um composto de relatos antigos nos quais poderá algum dia (quando aprender a ler de verdade) reconhecer sua própria biografia. Numerosas vozes literárias ecoam em *As aventuras de Pinóquio*. O livro trata da busca de um pai pelo filho e da busca de um filho pelo pai (um argumento subjacente à *Odisseia*, que Joyce descobriria posteriormente); da busca de si mesmo, como na metamorfose física do herói de Apuleio em *O asno de ouro* e na metamorfose psicológica do príncipe Hal em *Henrique IV*; do sacrifício e da redenção, conforme são ensinados nas histórias da Virgem Maria e nas sagas de Ariosto; dos ritos de passagem arquetípicos, como nos contos de fadas de Perrault (que Collodi traduziu) e na terrena *commedia dell'arte*; das viagens ao desconhecido, como nas crônicas dos exploradores do século XVI e em Dante. Como Pinóquio não vê os livros como fontes de revelações, os livros não lhe devolvem, refletida, sua própria experiência. Vladimir Nabokov, ensinando a seus alunos como ler Kafka, mostrou-lhes que o inseto em que Gregor Samsa se transformou é, na verdade, um escaravelho alado, um inseto que porta asas sob seu dorso encouraçado, e que se Gregor as tivesse descoberto, poderia ter fugido. E Nabokov acrescenta: "Muitos Dicks e Janes crescem como Gregor, sem saber que eles também têm asas e podem voar".

Pinóquio também não teria percebido isso se tivesse topado com *A metamorfose*. Tudo o que Pinóquio pode fazer, depois de aprender a ler, é recitar como um papagaio o texto da cartilha. Assimila as palavras que estão na página, mas não as digere: os livros não se tornam verdadeiramente seus porque, no final de suas aventuras, continua sendo incapaz de aplicá-los à experiência de si mesmo e do mundo. Aprender o alfabeto o leva, no capítulo final, a nascer com uma identidade humana e a olhar para o boneco que ele foi com divertida satisfação. Mas, num volume que Collodi jamais escreveu, Pinóquio continua tendo de enfrentar a sociedade com uma linguagem imaginativa que os livros poderiam ter-lhe ensinado por meio da memória, da associação, da intuição, da imitação. Depois da última página, Pinóquio está pronto, finalmente, para aprender a ler.

A experiência de leitura de Pinóquio, superficial, é exatamente oposta à de outro herói (ou heroína) errante. No mundo de Alice, a linguagem recupera sua ambiguidade rica e essencial e qualquer palavra (segundo Humpty Dumpty) pode ser usada para dizer o que o falante quer dizer. Embora Alice rejeite essas suposições arbitrárias ("Mas 'glória' não significa 'um argumento equilibrado'", diz ela), essa alvoroçada epistemologia é a norma no País das Maravilhas. Ao passo que no mundo de Pinóquio o significado de uma história impressa é inequívoco, no mundo de Alice o significado de "Jabberwocky", por exemplo, depende da vontade de seu leitor. (Talvez aqui seja útil lembrar que Collodi escreveu numa época em que pela primeira vez o idioma italiano, escolhido entre numerosos dialetos, foi declarado língua oficial, enquanto o inglês de Lewis Carroll havia sido "fixado" muito tempo antes e podia ser explorado e questionado com relativa segurança.)

Quando falo de "aprender a ler" (no sentido mais pleno que mencionei anteriormente), refiro-me a algo que se encontra entre esses dois estilos ou filosofias. A escola de Pinóquio responde às restrições da escolástica, que, até o século XVI, era o método oficial de aprendizagem na Europa. Na sala de aula escolástica supunha-se que o estudante devia ler como mandava a tradição, de acordo com os comentários estabelecidos e aceitos como autoridade. O método de Humpty Dumpty é um exagero das interpretações humanistas, um ponto de vista revolucionário segundo o qual cada leitor ou leitora deve abordar o texto em seus próprios (dele ou dela) termos. Umberto Eco limitou de maneira útil essa liberdade do leitor ao notar que "os limites da interpretação coincidem com os limites do senso comum", ao que, naturalmente, Humpty Dumpty poderia responder que o que é senso comum para ele pode não ser senso comum para Eco. Mas para a maioria dos leitores a noção de "senso comum" mantém certa clareza compartilhada que deveria ser suficiente. "Aprender a ler", então, consiste na obtenção dos meios para se apropriar de um texto (como faz Humpty Dumpty) e também para participar das apropriações de outros (como poderia ter sugerido o professor de Pinóquio). Nesse campo ambíguo entre a posse e o reconhecimento, entre a identidade imposta por outros e a identidade descoberta por si mesmo, reside, no meu ponto de vista, o ato de ler.

Há um paradoxo feroz no âmago de todo sistema escolar.

Uma sociedade deve ministrar o conhecimento de seus códigos a seus cidadãos, de maneira que estes possam participar ativamente dela; mas o conhecimento desse código, além da mera capacidade de decifrar um slogan político, um anúncio publicitário ou um manual de instruções básicas, permite a esses mesmos cidadãos questionar essa sociedade, expor suas mazelas e propor mudanças. No próprio sistema que lhe permite funcionar como sociedade encontra-se o poder de subvertê-la, para melhor ou para pior. De modo que o professor, a pessoa designada por essa sociedade para ensinar a seus novos membros os segredos de seus vocabulários compartilhados, transforma-se, na realidade, num perigo para a própria sociedade, num Sócrates capaz de corromper os jovens, em alguém que deve, por um lado, ensinar rebeldemente a desobediência civil e a arte do questionamento crítico e, por outro, submeter-se às leis da sociedade que lhe conferiu o cargo de professor — e submeter-se até o ponto de autodestruição, como no caso de Sócrates. Um professor está sempre preso a esse duplo-cego: ensinar os estudantes a pensar por conta própria, mas ensinar de acordo com uma estrutura social que impõe um freio ao pensamento. A escola, tanto no mundo de Pinóquio quanto no nosso, não é um campo de treino para se transformar num menino melhor e mais pleno, e sim um lugar de iniciação ao mundo dos adultos, com suas convenções, seus requisitos burocráticos, seus acordos tácitos e seu sistema de castas. Não existe nada parecido com uma escola para anarquistas e, no entanto, em certo sentido, todo professor deve ensinar anarquismo, deve ensinar os estudantes a questionar regras e regulamentos, a pedir explicações para o dogma, a enfrentar imposições sem se render aos preconceitos, a exigir autoridade daqueles que estão no poder, a encontrar um lugar a partir do qual possam expressar suas próprias ideias, mesmo que isso signifique se opor a esse mesmo professor e, em última instância, livrar-se dele.

Em certas sociedades, nas quais o ato intelectual tem prestígio, como em muitas sociedades indígenas no mundo inteiro, é mais fácil para o professor (o mais velho, o xamã, o instrutor, o encarregado de preservar a memória da tribo) cumprir com suas obrigações, posto que nessas sociedades a maioria das atividades está subordinada ao ato de ensinar. Em outras, porém, como no Canadá, o ato intelectual não tem nenhum tipo de prestígio. Simbolicamente, nossas moedas celebram pássaros, paisagens e políticos, não artistas; nossas cidades não têm placas em homenagem a escritores; o orçamento destinado à educação é o primeiro a ser cortado; a maioria de nossos governantes mal sabe ler e escrever; nossos valores nacionais são puramente econômicos. Elogia-se da boca para fora o conceito de alfabetização, e livros são oficialmente enaltecidos mas, de fato, nas escolas e universidades, por exemplo, o apoio financeiro disponível é investido mais em equipamentos eletrônicos (devido à pressão violenta da indústria) do que na impressão de livros, com a desculpa deliberadamente equivocada de que o suporte eletrônico é mais barato e mais durável que o de papel e tinta. Em consequência, as bibliotecas de nossas escolas estão perdendo rapidamente um terreno essencial. Nossas leis econômicas favorecem o continente em vez do conteúdo, porque aquele pode ser comercializado de maneira mais produtiva e parece mais sedutor, e, portanto, nossa arrancada econômica vem a reboque da tecnologia eletrônica. Para vender tecnologia, nossa sociedade propagandeia duas qualidades principais: rapidez e imediatismo. "Mais veloz que o pensamento", lê-se no anúncio de certo computador portátil, um slogan que sem dúvida a escola de Pinóquio teria aprovado. A oposição é válida, pois o pensamento requer tempo e profundidade, as duas qualidades essenciais do ato de ler.

Educar é um processo lento e difícil, dois adjetivos que em nossa época, em vez de serem termos elogiosos, qualificam defeitos. Hoje parece quase impossível convencer a maioria de nós dos méritos da lentidão e do esforço deliberado. No entanto, Pinóquio só poderá aprender a ler se não tiver pressa, e só se transformará num indivíduo pleno por meio do esforço requerido para aprender devagar. Seja na era de Collodi, com as cartilhas que os alunos repetiam como papagaios, seja na nossa, com suas informações quase infinitas regurgitadas ao alcance da mão, é relativamente fácil ser superficialmente alfabetizado para seguir uma comédia na TV, entender um jogo de palavras de um anúncio publicitário, ler um slogan político, usar um computador. Mas para nos aprofundarmos, para termos coragem de enfrentar nossos temores e dúvidas e segredos ocultos, para questionarmos o funcionamento da sociedade em relação a nós mesmos e ao mundo, precisamos aprender a ler de outra maneira, de forma diferente, que nos permita aprender a pensar. Pinóquio talvez se transforme num menino no final de suas aventuras, mas continuará pensando, definitivamente, como um boneco.

Quase tudo o que nos cerca nos encoraja a não pensar, a contentar-nos com lugares-comuns, com uma linguagem dogmática que divide o mundo, nitidamente, em preto e branco, em bom e ruim, eles e nós. É a linguagem do extremismo, que hoje aparece em todo lugar, para nos lembrar que não desapareceu. Às dificuldades de refletir sobre os paradoxos e as questões em aberto, sobre as contradições e a ordem caótica, respondemos com o antiquíssimo grito de Catão, o Censor, no Senado romano: *"Cartago delenda est!"*, "É preciso destruir Cartago!" — as outras civilizações não devem ser toleradas, o diálogo deve ser evitado, a liderança deve se impor por meio da exclusão ou da aniquilação. Esse é o grito de dúzias de políticos contemporâneos. Essa é uma linguagem que pretende comunicar mas que, sob diferentes disfarces, simplesmente intimida; não espera nenhuma resposta, a não ser um silêncio obediente. "Seja sensato e bom", diz a Fada Azul a Pinóquio no final do livro, "e você será feliz." Muitos slogans políticos poderiam ser reduzidos a esse conselho estúpido.

Sair do vocabulário restrito do que a sociedade considera "sensato e bom", para entrar em outro mais amplo, mais rico e, principalmente, mais ambíguo, é assustador, porque esse outro reino de palavras não tem limites e é um equivalente perfeito do pensamento, da emoção, da intuição. Esse vocabulário infinito está aberto para nós se despendemos um tempo e nos esforçamos para explorá-lo, e durante muitos séculos forjou palavras da experiência para devolver-nos o reflexo dessa experiência, para que possamos entender nosso mundo e também nos entender. É maior e mais perdurável que a biblioteca ideal de Pinóquio, repleta de doces, porque metafórica e concretamente pode levar-nos a ela, permitindo-nos imaginar formas de mudar uma sociedade na qual Pinóquio passa fome, sofre golpes e explorações, tem negado o status da infância, é instado a ser obediente e feliz em sua obediência. Imaginar é dissolver barreiras, ignorar fronteiras, subverter a visão de mundo que nos foi imposta. Embora Collodi tenha sido incapaz de dar a seu fantoche esse estado final de autodescobrimento, creio que ele intuiu as possibilidades de suas faculdades imaginativas. E mesmo quando afirmava que o pão era mais importante que as palavras, sabia muito bem que toda crise da sociedade é, definitivamente, uma crise da imaginação.

A aids e o poeta

*"No começo todos esbravejam", disse ele. "Como se o mundo
pudesse ser mudado sem matar alguém."*

Friedrich Dürrenmatt, Grieche sucht Griechin

Há alguns anos, os jornais anunciaram que o governo da
África do Sul estava criando um programa de importação e produção de medicamentos de baixo custo para tratar pacientes com
aids. Quase quatro anos depois da notícia, a Associação de Indústrias Farmacêuticas, que representa vários dos laboratórios
mais importantes da Europa e da América do Norte, abriu um
processo no Supremo Tribunal de Pretória, no qual alegava que a
lei sul-africana que implementara esse programa — uma lei pro-
mulgada por Nelson Mandela — ia contra os acordos internacionais de copyright e patentes, cujo objetivo consiste em proteger
os direitos dos cientistas, dos artistas e dos escritores.

Hoje na África do Sul (outubro de 2004) há 4,2 milhões de
pessoas infectadas com o vírus HIV, cerca de 10% da população, a
maior porcentagem em todo o mundo. Elas não podem ser trata-

das, por razões puramente econômicas. Um ano de medicamentos para a aids custa, na Europa ou na América do Norte, entre 20 mil e 30 mil dólares americanos. Essa soma, na África (e na maior parte da Ásia, e também na América do Sul), está muito além dos sonhos de um simples mortal. No entanto, as empresas farmacêuticas locais conseguiram produzir medicamentos genéricos (ou seja, as mesmas drogas que seus caros equivalentes europeus e norte-americanos, só que sem os rótulos desenhados) por uma fração minúscula do preço, em torno de quatrocentos dólares por ano de tratamento. A reação da maior de todas as companhias farmacêuticas, GlaxoSmithKline (nascida da fusão de duas gigantes britânicas, GlaxoWellcome e SmithKline-Beecham), foi declarar solenemente que "o sistema de patentes deve ser mantido a qualquer custo". A qualquer custo.

Pode-se argumentar que sem o investimento financeiro dessas empresas a pesquisa científica seria impossível. Para que se produzam novas descobertas, é preciso convencer os que têm dinheiro a investir em pesquisa e, para conseguir que os que têm dinheiro invistam em algo, é preciso convencê-los de que vão ter lucro com o investimento. Não só lucro, mas muito lucro. E lucro garantido. E que garantia melhor haveria nesta terra do que uma doença que leva à morte, e a vontade de vencê-la? Portanto, em nossa época a tentação de instalar uma companhia farmacêutica é, evidentemente, muito forte. Os motivos que impulsionam essas empresas não são o que se poderia chamar de filantrópicos: a vocação de curar não tem um lugar prioritário em sua decisão. Há uma iluminura francesa do século XVI, *Chants royaux du puy de Rouen*, que retrata Cristo como um boticário, entregando (a preço de custo, tenho certeza) o elixir da vida eterna a Adão e Eva. Não acredito que os membros do conselho administrativo da GlaxoSmithKline conheçam essa imagem.

Há algum tempo, devido à pressão internacional, 39 das

maiores empresas desistiram do processo contra a África do Sul. Os protestos e cartas divulgadas nas campanhas dos Médicos sem Fronteiras e de outras organizações criaram o que uma das companhias farmacêuticas chamou de "publicidade excessivamente adversa"; assim, depois de analisar cuidadosamente os lucros obtidos por meio da usura e os lucros perdidos por uma imagem negativa, essas empresas, hábeis em matéria de publicidade, preferiram negociar. Mas a questão da legitimidade desses lucros pantagruélicos continua sem resolução.

Como podemos (refiro-me a nossas sociedades) estimular essas companhias a investir em pesquisa científica sem lhes entregar, em troca, as vidas de milhões de seres humanos? Deixo o problema prático de fundos, investimentos, taxas e impostos para os bons e velhos economistas, e prefiro me concentrar no outro fator dessa equação: o contexto moral que permite que tais práticas prosperem.

Pode uma sociedade defender, de maneira convincente, tais imperativos morais e ao mesmo tempo lidar eficazmente com as demandas práticas da indústria científica? Pode uma sociedade considerar, ao mesmo tempo, as urgências da ciência e o contexto no qual essa ciência se desenvolve? *"Erst kommt das Fressen, dan kommt die Moral"*, ironizou Brecht tempos atrás: "Primeiro vem a forragem, depois a moral". Pode uma sociedade atribuir, simultaneamente, a mesma importância à moral e à forragem, ao *éthos* e aos negócios que nela existem? Essa pergunta antiquíssima reaparece, diversas vezes, em todas as eras e sob todos os céus. Foi formulada quando Agamenon sacrificou sua filha Ifigênia em troca de ventos favoráveis que permitissem aos gregos navegar até Troia. Shaw a expressou em *Major Barbara*. Foi imaginada por Mary Shelley em *Frankenstein* e por Wells em *The Island of Dr. Moreau*. Sua verdadeira essência foi plasmada num conto de Oscar Wilde, na cena em que o jovem rei, que se recusa a ser coroado com joias obtidas à custa do sofrimento alheio, pergunta se, afinal de contas, o rico e o pobre não são irmãos, e a resposta que recebe é: "Sim, e o irmão rico se chama Caim".

Essa pergunta irrespondível é de suma importância. A literatura, como bem o sabemos, não oferece soluções — apresenta enigmas. É capaz, ao contar uma história, de desdobrar as convoluções infinitas e a íntima simplicidade de um problema moral, e de convencer-nos de que possuímos certa lucidez para adquirir não um entendimento universal, mas pessoal do mundo. "Mas que coisa, afinal, é essa emoção?", pergunta Rebecca West depois de ler *Rei Lear*. "O que as obras de arte mais excelsas trazem à minha vida que me deixam tão contente?" Sei que senti essa emoção em todo tipo de literatura, na mais elevada e na mais baixa, numa linha aqui e ali, num parágrafo, e às vezes, nem sempre, num livro inteiro, e não por alguma razão claramente discernível, mas quando algo que está sendo dito sobre determinada personagem ou situação subitamente se reveste para mim, seu leitor, de uma enorme e particular importância.

Serão louváveis os quixotescos gestos de ameaça de Dom Quixote a um fazendeiro que surrava brutalmente seu jovem aprendiz se o fazendeiro, assim que Dom Quixote some de vista, redobra seu castigo? É justificável que Poirot, no final de sua longa vida, assassine um assassino para evitar que outras pessoas sejam assassinadas? É perdoável que Enéas deixe a hospitaleira Dido aos prantos, abandonando-a para o bem e a glória do futuro Império Romano? Monsieur Homais deveria receber a *croix d'honneur* depois da morte dos tristonhos Bovary? Será Lady Macbeth um monstro ou uma vítima, e devemos ter pena ou medo dela, ou ainda (isto é muito mais difícil), ter medo e pena exatamente ao mesmo tempo?

54

A realidade trata de especificidades disfarçadas de generalidades. A literatura faz o contrário, de modo que *Cem anos de solidão* pode nos ajudar a entender o destino de Cartago, e os argumentos de Goneril podem nos ajudar na tarefa de traduzir o duvidoso dilema ético do general Aussaresses, o torturador de Argel. Sinto-me tentado a dizer que talvez isso é *tudo* que a literatura realmente faz. Sinto-me tentado a dizer que todo livro que permite a um leitor relacionar-se com ele postula uma questão moral. Ou melhor: se um leitor é capaz de ir além da superfície de determinado texto, tal leitor pode extrair de suas profundezas uma questão moral, mesmo que essa questão não tenha sido formulada pelo escritor com muitas palavras, pois sua presença implícita desperta no leitor, de qualquer modo, uma emoção à flor da pele, um pressentimento ou simplesmente uma lembrança de algo que conhecemos há muito tempo. Por meio dessa alquimia, todo texto literário torna-se, em certo sentido, metafórico.

Desde a Idade Média, os manuais de literatura se empenham arduamente em diferenciar metáfora de imagem, imagem de símile, símile de símbolo, símbolo de emblema. É claro que o insight intelectual que invoca esses recursos é, essencialmente, o mesmo: uma intuição associativa que tenta apreender a realidade da experiência não de maneira direta, mas com uma distância de primeiro ou de segundo grau, como Perseu fez para ver a face da Górgona, ou Moisés a face de Deus. A realidade, o lugar onde estamos, não pode ser visto enquanto estamos nele. É o processo de "primeiro ou de segundo grau" (que se dá por meio das imagens, da alusão, da trama) que nos permite ver onde estamos e quem somos. A metáfora, em sentido amplo, é o modo como captamos (e às vezes *quase* entendemos) o mundo e nosso desconcertante *self*. Quem sabe toda literatura possa ser entendida como metáfora.

Metáforas, naturalmente, geram metáforas. O número de histórias que temos para contar é limitado, e o número de imagens que refletem significativamente essas histórias em cada mente é pequeno. Quando Wallace Stevens nos diz

In that November off Tehuantepec
The slopping of the sea grew still one night... *

ele está ouvindo novamente o mar (o mesmo mar) que Mallarmé desejou, tão ternamente, depois de nos dizer "a carne é triste" e "eu já li todos os livros". É o mesmo mar terrível que Paul Celan ouve, "*umbellet von der haiblauen See*", "latindo no mar azul-tubarão". É a onda que se quebra três vezes contra as "rochas frias e cinzentas" de um Tennyson emudecido — a mesma "cadência trêmula" que comove Matthew Arnold na praia de Dover e o faz pensar em Sófocles, "que há muito tempo/ ouviu-a no Egeu, vindo-lhe à mente a turva maré/ da miséria humana". Mallarmé, Celan, Tennyson, Arnold, Sófocles, todos estão presentes em Stevens quando, numa praia distante, ele vê a água metálica brilhar e se espraiar. E o que o leitor encontra nessa paisagem, nesse som? Arnold o expressa com precisão: encontramos "no som um pensamento". Um pensamento, poderíamos acrescentar, que se traduz, pelo poder da metáfora, numa pergunta e no vaporoso espectro de uma resposta.

Todo ato de escrita, toda criação de uma metáfora, é uma tradução em ao menos dois sentidos: no sentido de que refunde uma experiência exterior ou um devaneio em algo que gera no leitor uma nova experiência ou devaneio; e também no sentido de que transporta algo de um lugar para outro — o sentido em que essa palavra era empregada na Idade Média para descrever o

---

* "Nesse novembro em Tehuantepec/ Certa noite o mar alto se amansou...". (N. T.)

translado, de um santuário para outro, dos restos roubados dos santos, uma atividade generosamente conhecida como *furta sacra* ou roubo sagrado. Algo no ato da escrita — que depois se produz novamente no ato da leitura — furta, consagra e transforma, de escritor para escritor e de leitor para leitor, o pensamento literário essencial a que se refere Arnold, construindo a experiência da criação, renovando e redefinindo nossa experiência do mundo.

Alguns anos depois da morte de Kafka, a mulher que ele tanto amara, Milena, foi presa pelos nazistas e enviada a um campo de concentração. De repente a vida parecia ter se transformado em seu contrário: não na morte, que é um fim, mas num estado enlouquecedor e sem sentido de sofrimentos brutais, que não tinha nenhuma causa visível e não servia a nenhum propósito visível. Tentando sobreviver a esse pesadelo, uma amiga de Milena criou um método: recorreria aos livros que havia lido e guardava na memória. Entre os textos que ela se forçou a recordar estava um conto de Máximo Gorki, "Nasce um homem".

A história conta que o narrador, um jovem que passeava, certo dia, pela orla do mar Negro, encontra uma camponesa gritando de dor. A mulher está grávida; fugira da penúria de seu povoado natal; aterrorizada e sozinha, está prestes a dar à luz. Apesar de seus protestos, o jovem a ajuda. Banha no mar o bebê que acaba de nascer, faz fogo e prepara um chá. No final da história, o jovem e a camponesa seguem um grupo de outros camponeses: com um dos braços, o jovem ampara a mãe; no outro, leva o menino.

O conto de Gorki, para a amiga de Milena, transformou-se num paraíso, num lugar pequeno e seguro no qual ela podia se refugiar contra o horror cotidiano. Não dava sentido a seu sofrimento, não o explicava nem o justificava; nem sequer lhe dava esperanças para o futuro. Existia, simplesmente, como um ponto de equilíbrio, que a fazia se lembrar da luz numa hora de obscura catástrofe.

Catástrofe: uma mudança abrupta e violenta, algo terrível e incompreensível. Quando as hordas romanas, seguindo as ordens de Catão, arrasaram a cidade de Cartago e espalharam sal sobre os escombros; quando os vândalos saquearam Roma em 455, deixando a grande metrópole em ruínas; quando os primeiros cruzados cristãos entraram nas cidades da África do Norte e, depois de matar todos os homens, mulheres e crianças, atearam fogo às bibliotecas; quando os Reis Católicos da Espanha expulsaram de seus territórios as culturas dos árabes e dos judeus, e o rabino de Toledo lançou aos Céus as chaves da Arca para que ficassem protegidas até que melhores tempos viessem; quando Pizarro executou o hospitaleiro Atahualpa e destruiu, efetivamente, a civilização inca; quando o primeiro escravo foi vendido no continente americano; quando numerosos indígenas americanos foram deliberadamente contaminados com mantas infectadas com o vírus da varíola por colonos europeus (no que poderia ser considerada a primeira guerra biológica do mundo); quando os soldados, nas trincheiras da Primeira Guerra Mundial, afogaram-se em barro e gases tóxicos tentando obedecer a ordens impossíveis; quando os habitantes de Hiroshima viram sua pele se soltando do corpo sob a grande nuvem amarela que cobria o céu; quando a população curda foi atacada com armas químicas; quando milhares de homens e mulheres foram abatidos a machadadas em Ruanda; e agora, quando os aviões suicidas explodiram contra as Torres Gêmeas de Manhattan, e Nova York se somou às cidades enlutadas de Madri, Belfast, Jerusalém, Bogotá e a inumeráveis outras, também vítimas de ataques terroristas — em todas essas catástrofes, os sobreviventes talvez tenham procurado num livro, como fez a amiga de Milena, alguma trégua para a dor e algum apoio para a sanidade mental.

Para um leitor, esta pode ser a razão essencial, talvez a única justificativa para a literatura: que a loucura do mundo não nos tome por completo, mesmo que invada nosso porão (a imagem é de Machado de Assis) e depois, lentamente, vá tomando nossa copa, a sala e a casa inteira. Joseph Brodsky, prisioneiro na Sibéria, encontrou essa justificativa nos versos de W. H. Auden. Reinaldo Arenas, confinado nos cárceres de Castro, encontrou-a na *Eneida*; Oscar Wilde, preso em Reading, nas palavras de Cristo; Haroldo Conti, torturado pelos militares argentinos, nos romances de Dickens. Quando o mundo se torna incompreensível, quando atos de terror e respostas aterrorizantes para tal terror enchem nossos dias e nossas noites, quando nos sentimos desorientados e desconcertados, procuramos um lugar no qual a compreensão (ou a fé na compreensão) tenha sido expressa em palavras.

Todo ato de terror reivindica sua própria justificativa. Conta-se que antes de ordenar uma nova atrocidade, Robespierre perguntava, "Em nome de quê?". Mas todo ser humano, no fundo, sabe que nenhum ato de terror tem justificativa possível. A constante crueldade do mundo (e também, apesar de tudo, seus milagres cotidianos de beleza, ternura e compaixão) desconcerta-nos porque se apresenta sem justificativa, como o milagre da chuva que (como Deus explica a Jó) cai "ali onde não há nenhum homem". A qualidade primordial do universo parece ser a gratuidade absoluta.

Somos conscientes disso tudo, como somos conscientes dos velhos truísmos: violência gera violência, todo poder é abusivo, qualquer tipo de fanatismo é inimigo da razão, a propaganda é propaganda mesmo quando pretende nos animar a lutar contra a iniquidade, a guerra nunca é gloriosa, exceto aos olhos dos vitoriosos que acreditam que Deus está do lado dos grandes exércitos. É por isso que lemos, e por isso, nos momentos de escuridão, voltamos aos livros: a fim de encontrar palavras e metáforas para o que já sabemos. As metáforas se constroem sobre metáforas e as citações sobre citações. Para Montaigne, para Thomas Browne, para Martin Buber, para Anne Carson, as palavras de outros são um vocabulário de citações com as quais eles expressam seus próprios pensamentos. Para Joyce, para Eliot, para Borges, para Lawrence Sterne essas outras palavras *são* seus próprios pensamentos, e o simples fato de dispô-las no papel transforma essas palavras imaginadas por outros em algo novo, reimaginado por meio de uma inflexão ou um contexto diferentes. Sem essa continuidade, esse furto, essa tradução, não há literatura. E por meio desse comércio, a literatura permanece imutável, como as ondas cansadas, enquanto o mundo em torno delas está mudando.

Durante uma encenação de *O rinoceronte*, de Ionesco, em Argel, em plena guerra da independência, depois que o protagonista, Béranger, pronuncia as últimas e valentes palavras da peça, *"Je ne capitule pas!"*, toda a plateia, *indépendantistes* argelinos e colonos franceses, prorrompeu numa ovação. Para os argelinos, o grito de Béranger espelhou seu próprio grito, seu propósito de não abandonar a luta pela liberdade; para os franceses, o grito também era o deles, pois não pretendiam entregar a terra que seus pais haviam conquistado. As palavras de Ionesco são, evidentemente, as mesmas. O sentido (a leitura) é diferente.

Talvez seja útil nos determos um pouco no lado prático dessa questão de propriedade intelectual, ou seja, na noção de direitos autorais. O que se pretende proteger com isso não é o direito de, digamos, Homero proclamar-se o único inventor da expressão "o mar escuro como vinho"; pretende-se, antes, regulamentar a exploração dessa expressão por, digamos, Ezra Pound e a

Secretaria de Turismo da Grécia. Marcial, ao mesmo tempo que alardeava que seus poemas tinham sido lidos até pelos centuriões enviados aos confins mais distantes do Império, queixava-se de que os editores vendiam esses poemas aos longínquos centuriões sem pagar nada a ele, o autor, pelo privilégio. Para garantir que Marcial recebesse seu sestércio, em 4 de agosto de 1789 a Assembléia Revolucionária de Paris aboliu todos os privilégios de indivíduos, cidades, províncias, organizações, e substituiu-os pela noção de direitos. Escritores, e também editores, impressores e livreiros tiveram reservados seus direitos exclusivos sobre os textos, e a partir desse momento passaram a compartilhar os lucros do que o autor havia escrito, o editor publicado, o impressor imprimido e o livreiro vendido. Foram estabelecidas duas cláusulas essenciais. A primeira, que "a obra se considera criada, independentemente de sua publicação, pelo simples fato de ter sido concebida pelo autor, mesmo que fique inacabada". A segunda, que "a propriedade intelectual é independente da propriedade do objeto material em si". Ou seja, *O rinoceronte* pertence a Ionesco antes mesmo de sua primeira encenação, independentemente do fato de tanto os argelinos quanto os franceses terem se apropriado da obra em suas leituras individuais. O "valor" de *O rinoceronte* pertence a Ionesco.

O que é esse valor? Esta é a melhor resposta que conheço:

O valor não traz escrito na testa o que é. Longe disso, transforma cada produto do trabalho num hieróglifo. Com o tempo, o homem procurará decifrar o significado desse hieróglifo, para penetrar no segredo da criação social para a qual contribuiu, pois a transformação de objetos de uso em objetos de valor é uma criação da sociedade, assim como a própria linguagem.

O autor dessa descoberta esplêndida não é outro senão o tristemente desacreditado Karl Marx.

O valor como significado: qualquer pessoa interessada em literatura pode captar o sentido corrente desse conceito, afim ao da beleza como verdade e da verdade como beleza de Keats. "O que a imaginação apreende como Beleza deve ser a Verdade, tenha ela existido ou não", escreveu Keats a um amigo. O valor é, então, uma metáfora, como o são a Verdade e a Beleza. Apresentam-se como realidades conceituais, coisas que sabemos que estão ali, em nossa carne e em nosso sangue, mas que, como a emoção de *Rei Lear*, não podem ser definidas com muita precisão. Tentamos, naturalmente, para o bem ou para o mal, que cada obra de arte esteja acompanhada de sua avaliação crítica, a qual, sucessivamente, dá lugar a outras avaliações críticas. Algumas dessas se tornam obras de arte por direito próprio: a interpretação da pintura *La Grande jatte*, de Seurat, por Stephen Sondheim, as observações de Beckett sobre a *Comédia* de Dante, os comentários musicais de Mussorgsky sobre as pinturas de Viktor Gartman, as leituras pictóricas de Shakespeare feitas por Henri Fuseli, as traduções de La Fontaine de Marianne Moore, a versão de Thomas Mann para a *oeuvre* musical de Gustav Mahler. O escritor argentino Adolfo Bioy Casares sugeriu certa vez uma cadeia interminável de obras de arte e seus comentários, começando com um simples poema de Jorge Manrique, poeta espanhol do século XV. Bioy sugeriu que se erigisse uma estátua do compositor de uma sinfonia baseada na peça sugerida pelo retrato do tradutor das "Coplas por la muerte de su padre" de Manrique... Toda obra de arte se desenvolve por meio dessas camadas incontáveis de leitura, e cada leitor desnuda essas camadas para descobrir a obra em seus próprios termos, procurando decifrar o "valor" da obra. Nesta última leitura estamos sozinhos.

Uma empresa, adequadamente denominada Sociedade

Anônima, uma multinacional proteica ou uma organização "guarda-chuva", é algo invisível e incorpóreo, exceto em seus efeitos. Não tem rosto, não tem alma. O "valor" de seu trabalho, o significado de suas metáforas é falsamente apregoado, e em nossa sociedade temos a desagradável obrigação de ler suas declarações com atenção, repetidas vezes, para nos conscientizarmos de seus prejuízos potenciais, nos quais, como cidadãos, estamos implicados.

Em março de 2000, Paul Stewart, um dos diretores da companhia farmacêutica alemã Boehringer Ingelheim, visitou uma clínica de aids no município de Khayelitsha, nos arredores da Cidade do Cabo. A Boehringer é a fabricante da nevirapina, uma droga usada para tratar certas doenças relacionadas à aids, e Stewart tinha ido à África do Sul para impedir a produção de uma versão genérica desse medicamento. Em certo ponto do percurso, Stewart topou com um menino macilento de sete anos, sozinho numa sala de espera abarrotada. O menino estava fraco demais para levantar a cabeça, e seu peito estava coberto de feridas em carne viva. Stewart empalideceu. "Gostaria de pagar seu tratamento, pessoalmente", soltou ele. O diretor da clínica replicou, sensato, que era tarde demais para essas reações emotivas e pessoais. O que Stewart tinha de fazer era mais do que se preocupar com um único caso que o deixara comovido. Devia enfrentar a magnitude do problema, a grande pergunta moral de cujo horror o menino de sete anos era a realidade visível, um horror no qual a companhia farmacêutica de Stewart tinha uma participação complexa, um horror que ele não poderia modificar com o gesto expiatório de pôr a mão no bolso.

Não acredito que um texto, qualquer texto, por mais brilhante e comovente que seja, possa influir na realidade dos que sofrem de aids na África do Sul, ou em qualquer outra realidade. Talvez não haja nenhum poema, por mais poderoso que seja, que possa aliviar um pingo da dor ou transformar um único momento de injustiça. Mas talvez tampouco exista algum poema, por mais mal escrito que seja, que não possa conter, para seu leitor secreto e eleito, um consolo, uma chamada às armas, um fulgor de felicidade, uma epifania. Há algo na página modesta que, misteriosa e inesperadamente, dá-nos acesso, às vezes, não à sabedoria, mas à possibilidade de sabedoria, capturada entre a experiência da vida cotidiana e a experiência da realidade literária.

Talvez haja uma metáfora que possa evocar esse espaço entre nossa imaginação do mundo e a página (do ponto de vista do escritor), ou o espaço entre a página sólida e nossa imaginação do mundo (do ponto de vista do leitor). No sétimo canto do *Inferno*, Dante descreve as penas cumpridas pelos ladrões, que, num universo espelhado de pecado e castigo, estão condenados a perder até a forma humana, e transformam-se incessantemente numa sequência macabra de criaturas monstruosas. Essas transformações acontecem em etapas, de maneira gradual, de modo que não há nenhum momento em que a alma agonizante possua uma forma única e definida. E Dante diz:

Como acontece quando o papel queima,
espalha-se essa chama em mancha escura,
já não mais branca e não ainda negra.

Entre a brancura da página e as letras autoritárias em preto, há um espaço, um momento, uma cor sempre cambiante dentro da qual, talvez, tanto o escritor quanto o leitor consigam encontrar a iluminação, um pouco antes de o significado ser consumido pelas chamas.

II.

O LIVRO EM PARTES

"E para que serve um livro", pensou Alice, "sem ilustrações ou diálogos?"

Alice no País das Maravilhas, *capítulo I*

O ponto

Uma pausa para entreter os tolos...

Henry Vaughan, "The Night"

Diminuto como uma partícula de pó, essa bicada mínima da pena, essa migalha no teclado — o ponto — é o subestimado legislador de nossos sistemas de escrita. Sem ele, os sofrimentos do jovem Werther não terminariam e as viagens de Hobbit jamais teriam fim. Sua ausência permitiu que James Joyce tecesse o *Finnegan's Wake* num círculo perfeito e sua presença fez Henri Michaux comparar nosso ser essencial com essa partícula, "uma partícula que a morte devora". O ponto coroa a realização do pensamento, dá a ilusão de um término, possui certa altivez que surge, como Napoleão, de seu tamanho minúsculo. Sempre ansiosos por começar, não pedimos nada para indicar nossos inícios, mas precisamos saber quando parar: esse *memento mori* pequeníssimo nos lembra de que tudo, nós incluídos, um dia devemos parar. Como um anônimo professor inglês sugeriu em

1680 em *Treatise of Stops, Points or Pauses*, o ponto é "o sinal de um sentido perfeito e de uma oração perfeita".

A necessidade de indicar o final de uma frase escrita provavelmente é tão velha quanto a própria escrita, mas a solução, breve e maravilhosa, não foi implantada até o Renascimento italiano. Por muitos e muitos anos, a pontuação foi uma questão desesperadamente irregular. Já no século I de nossa era o autor espanhol Quintiliano (que não lera Henry James) sustentava que uma oração, além de expressar uma ideia completa, devia poder ser pronunciada de um só fôlego. Como a oração podia ser finalizada era questão de gosto pessoal, e durante muito tempo os escribas pontuaram seus textos com toda espécie de signos e símbolos, de um simples espaço em branco a uma variedade de pontos e riscos. No princípio do século V, são Jerônimo, tradutor da Bíblia, desenvolveu um sistema, conhecido como *per cola et commata*, no qual cada unidade de sentido era marcada com uma letra que sobressaía da margem, como se iniciasse um novo parágrafo. Três séculos mais tarde já se utilizava o *punctus* tanto para indicar uma pausa dentro da oração quanto para assinalar sua conclusão. Seguindo essas convenções confusas, os autores dificilmente podiam esperar que seu público lesse um texto com o sentido que eles tinham pretendido conferir-lhe.

Até que, em 1566, Aldo Manuzio, o Jovem, neto do grande impressor veneziano a quem devemos a invenção do livro de bolso, definiu o ponto em seu manual de pontuação, o *Interpungendi ratio*. Ali, com seu claro e inequívoco latim, Manuzio descreveu pela primeira vez seu papel e seu aspecto definitivos. Ele pensou que estava preparando um manual para tipógrafos; não podia saber que oferecia a nós, futuros leitores, os dons do sentido e da música para toda a literatura posterior: Hemingway e seus *staccatos*, Beckett e seus recitativos, Proust e seu longo sustenido.

"Nenhum ferro", escreveu Isaac Bábel, "pode apunhalar o coração com a força de um ponto colocado no lugar exato." Como reconhecimento tanto do poder quanto da impotência da palavra, nada nos foi tão útil quanto essa manchinha fiel e final.

Elogio das palavras

"Fale a minha língua!", disse a Aguiazinha. "Eu não sei o sentido de metade dessas palavras compridas, e, o que é pior, também não acredito que você saiba."

Alice no País das Maravilhas, *capítulo III*

Descartes acreditava que macacos podiam falar, mas que preferiam ficar em silêncio para não serem forçados a trabalhar. O processo intelectual de outorgar realidade a uma invenção e depois aplicar a essa invenção os papéis rígidos da realidade em nenhum lugar é tão esplendidamente demonstrado quanto em nossa relação com a linguagem. Há muito tempo, num deserto distante, um homem sobre o qual nada sabemos decidiu que as palavras que ele riscava sobre a argila não eram signos contábeis convencionais ordenando decretos legais ou cabeças de gado, mas as terríveis manifestações de um deus obstinado, e que, portanto, a própria ordem dessas palavras, o número de letras que continham, e mesmo sua aparência física deviam ter um sentido e um significado, pois os enunciados de um deus não podem conter nada supérfluo ou arbitrário. Os cabalistas levaram essa fé no ato literário ainda mais longe. Posto que (como o Gênesis registra) Deus disse "Faça-se a Luz" e a luz se fez, eles argumentam que a própria palavra *luz* possui poderes criadores, e que se eles conhecerem *le mot juste* e sua verdadeira inflexão, serão capazes de tornar-se tão criadores quanto seu Criador. A história da literatura é, nesse sentido, a história dessa esperança.

Menos interessados em imitar o Todo-Poderoso, menos confiantes no poder mágico da palavra, mas igualmente preocupados com a descoberta dos papéis secretos que governam um sistema de signos e símbolos, os entusiastas dos jogos de palavras, como os antigos cabalistas, permutam, contam, rearranjam, dividem e voltam a reunir as letras pelo puro prazer de extrair ordem do caos. Por trás da paixão dos que resolvem palavras cruzadas, dos que fazem trocadilhos, anagramas, palíndromos, dicionários, dos jogadores de Scrabble e dos criptoanalistas, existe uma espécie de fé louca na racionalidade final da linguagem.

Os jogos de palavras são muito antigos. Há exemplos de acrósticos entre os mesopotâmicos, de anagramas entre os hebreus, de pangramas entre os gregos, de palíndromos entre os romanos. Trocadilhos (que, por trás de seu humor às vezes duvidoso, revelam a emaranhada coerência do cosmos) são, naturalmente, universais. Pelo menos segundo a tradução da Bíblia feita por são Jerônimo, a fundação da Igreja Católica é baseada num trocadilho feito por Jesus quando Ele disse, apontando para Pedro (*Petrus*, em latim): "Sobre esta pedra [*petra*] construirei minha igreja".

Há uma miríade de jogos de palavras: textos que evitam empregar uma ou diversas letras do alfabeto (como no romance de Georges Perec *La Disparition*, brilhantemente traduzido para o inglês por Gilbert Adair, que exclui em ambas as línguas a letra *E*); textos que evitam todas as vogais, exceto uma (*"I'm living*

night grim civic blight; / I find its victims, sick with fright"); tautô-
nimos ou palavras feitas de duas partes idênticas (tal como *mur-
mur*), que desenrolam sucessivas "charadas" muito sofisticadas
(*Flamingo pale, scenting a latent shark/ Flaming opalescent in
gala tents — hark!*"); palavras transpostas obtidas pelo rearranjo
de letras de outra palavra (de *carol* para *coral*); homônimos tri-
partites, o terror dos estrangeiros aprendendo inglês (*idol, idle
and idyll*); palavras "indomáveis", nas quais encontramos uma
sequência alfabética que contém todas as letras daquela sequência, quando nenhuma palavra existe com uma sequência mais
longa dessas mesmas letras (como em *deft*).

O fato de muitas dessas classificações serem também extremamente divertidas não deveria levar ninguém a questionar sua
seriedade. Os poetas, por exemplo, utilizaram-nas extensamente,
de Lasus de Hermione — que no século VI a.C. excluía a letra
sigma de sua "Ode aos centauros" — a Cervantes, que incluiu no
prefácio de seu *Dom Quixote* alguns sonetos "truncados" (nos
quais não o final, mas a penúltima sílaba de cada linha trazia uma
rima), passando por Gerald Manley Hopkins e sua queda por
"charadas" (*"Resign them, sign them"*) e pelos bardos anônimos
que escreveram *"Time Wounds all Heels"*. A poesia, de fato, é a
prova de nossa inata confiança na significação do jogo de palavras. O fato de podermos confiar numa rima para emprestar significado ou numa aliteração para expressar um pensamento não
está muito distante do espírito dos nigromantes da Renascença,
que acreditavam que o nome secreto de Roma era *Roma* escrito
de trás para a frente.*

---

* Que esperança há para Vancouver que magicamente se lê Revuocnav — "Revue of Knaves" na língua Evenki — ou Toronto, que revela a si mesma como
Otnorot — "The Rot of Otno" em esperanto? (observação: "Otno" é o nome dado
a Mike Harris pela comunidade Esperanto).

Martin Gardner observou que muitos dos jogos de palavras atuais "não poderiam ter sido feitos sem o uso dos computadores", mas acrescenta que não quer "dar a impressão de que os computadores são necessários para que se façam novas descobertas". Sem dúvida. Enquanto os computadores podem nos dizer (por exemplo) que há 3276 meios pelos quais três letras podem ser escolhidas no alfabeto com repetição permitida, tais métodos mecânicos oferecem, a meu ver, pouco divertimento tanto para experientes lexicógrafos quanto para inveterados cabalistas. No alvorecer da era da computação, Arthur C. Clarke redigiu uma advertência. Num conto intitulado "The Nine Billion Names of God", um mosteiro tibetano lamaísta contrata os serviços de especialistas em computadores do Ocidente para pesquisarem todas as combinações possíveis de letras a fim de encontrar uma que seja o nome oculto de Deus — tarefa que, acreditam esses tibetanos, dará sentido à existência do universo. Os especialistas instalam o computador, e por vários meses ele vomita um emaranhado incontável de nomes. Por fim, produz-se a combinação cabal. Quando os especialistas se preparam para ir embora, um deles casualmente olha para o céu. Lá em cima, sem nenhum alvoroço, as estrelas se apagam.

Uma breve história da página

Uma bela folha in-quarto, na qual um caprichoso riacho de texto poderia serpentear pelo relvado da margem.

R. B. *Sheridan*, The School for Scandal

A página tem uma existência encoberta. Perdida em meio a suas irmãs entre as capas de um livro, ou escolhida para destacar, sozinha, uns poucos rabiscos; virada, arrancada, numerada, com "orelhas de burro"; perdida ou recordada, destacada ou apagada, lida por cima ou escrutinada, a página penetra em nossa consciência de leitores apenas como moldura ou continente do que queremos ler. Com sua estrutura frágil, quase incorpórea em suas duas dimensões, os olhos a percebem vagamente enquanto seguem o rastro das palavras. Como um esqueleto sustentando a pele de um texto, a página desaparece atrás de sua própria função, e é justamente nessa natureza tão pouco atraente que se encontra sua verdadeira força. A página é o espaço do leitor; ela é também seu tempo. Como os números cambiantes de um relógio eletrônico, a página vai marcando as horas numeradas, uma condenação à qual nós, como leitores, devemos nos submeter. Podemos voltar lentamente ou acelerar nossa leitura, mas, independentemente do que façamos, em nossa atividade de leitores o transcurso do tempo sempre estará marcado pela virada de uma página. A página limita, corta, estende, censura, reestrutura, traduz, enfatiza, desativa, estende uma ponte e separa de nossa leitura aquilo que com tanto ardor pretendemos reivindicar. Nesse sentido, o ato de ler é um conflito de poder entre o leitor e a página sobre o domínio do texto. Em geral, a página vence.

Segundo Jorge Luis Borges, a infinita biblioteca de Babel, que em sua imaginação continha todos os livros do universo (não só os que já haviam sido escritos, mas também os que ainda seriam ou não escritos algum dia), poderia se reduzir a um único livro. Numa nota de rodapé desse seu texto, Borges sugere que essa vasta biblioteca é inútil: um único volume seria suficiente, se esse volume fosse feito de um número infinito de folhas infinitamente finas. O manuseio desse volume seria, é claro, muito incômodo: cada folha aparente se desdobraria em outras páginas, e a inconcebível folha central não teria verso.

E aí temos, num momento de pesadelo, a página em toda a sua glória e todo o seu horror: como um objeto que permite ou exige uma moldura para o texto que contém, de maneira que nós, os leitores, podemos abordá-la pouco a pouco e nos inteirarmos de seu significado; e também como um objeto que limita o texto para que ele caiba em sua moldura, que o corta de acordo com seu tamanho, que o separa de sua totalidade, mudando ou circunscrevendo seu sentido. Toda página compartilha essa dupla natureza.

Se definimos a página como uma simples unidade espacial que contém um trecho de texto, então as tabuletas de barro dos sumérios e as grandes lousas de granito de 5000 a 2000 a.C. podem ser contadas como páginas. Por razões práticas, considerava-se a página suméria principalmente como um método para impor limites. Cada texto devia se adequar ao espaço a ele destinado: se o texto corria, devia ser dividido em unidades de sentido independentes. A tabuleta suméria não termina no meio de uma frase para continuar em outra. O espaço da tabuleta e o espaço do texto coincidem.

As lápides de pedra dos sumérios e as tabuletas de barro foram concebidas para ser utilizadas dos dois lados. As lápides eram altas como monumentos e tinham inscrições em uma ou em ambas as faces. As tabuletas, como aquelas usadas pelos estudantes, por exemplo, nas academias de escribas, levavam no anverso o texto do professor e, no verso, a tentativa do estudante de reproduzi-lo. Esse sistema de aprendizagem exigia que o estudante aprendesse literalmente de cor o escrito do mestre antes de chegar ao outro lado da tabuleta.

Essa concepção dual deixou de existir quase por completo com a criação do rolo, por volta do século VI a.C. A maioria dos rolos era escrita apenas de um lado, no qual as fibras estavam dispostas horizontalmente, mas havia alguns escritos sobre as duas faces — como um rolo conhecido por *opistógrafo* —, que eram bastante incomuns. No rolo, tanto a idéia de moldura quanto a noção de frente e verso parecem desaparecer. As folhas de papiro que eram utilizadas para formar a maioria dos rolos não mediam mais que 38 centímetros de altura por 23 de largura, e não dividiam o texto em algo similar às nossas páginas individuais, separadas. Embora os rolos tivessem margens e estivessem divididos em colunas, sem espaços entre as palavras, era o próprio rolo que determinava a extensão do texto (na Grécia eles tinham, geralmente, entre seis e nove metros de comprimento). Um rolo comum podia conter um livro de Tucídides ou dois ou três cantos da *Ilíada*.

O rolo oferecia tanto ao escritor como ao leitor uma aparente liberdade: não havia linhas truncadas, exceto quando se passava de uma coluna para a outra; não havia um sentido cumulativo de progresso na leitura, salvo pelo fato de que o rolo se desdobrava e voltava a ser enrolado; não impunha nenhuma unidade textual, a não ser quando, ao desenrolar-se, permitia que se abarcasse apenas uma seção por vez. Numa tentativa de demonstrar a qualidade paradoxal dessa liberdade, muitos séculos mais tarde, em 1969, o escritor espanhol Juan Benet escreveu um romance, *Una meditación*, num único rolo de papel que deslizava em sua máquina de escrever com um complexo mecanismo que o impedia de retroceder — ou seja, tudo o que ele escrevia se transformava na versão definitiva, sem guia ou divisões de páginas.

O surgimento do códice deu novo significado ao conceito de página. Já se disse que a invenção do códice teve origem na necessidade de se produzir um receptáculo mais portátil para o texto, e que uma folha dobrada era, obviamente, mais fácil de transportar que um rolo. O barro era pesado, o papiro frágil, de modo que o pergaminho e o velino se transformaram nos materiais preferidos para se fazer códices na Europa até que, no século XII, instalaram-se na Itália as primeiras fábricas de papel. Outros materiais foram utilizados em outras partes do mundo: havia livros feitos de madeira em forma de leque na Coreia e no Egito, livros gravados sobre papel na China, livros de tecido em outras regiões do subcontinente asiático. Fosse qual fosse o material — velino, pergaminho, tecido, papel ou madeira —, todas aquelas páginas impunham em silêncio seus limites ao texto.

Mas a partir do momento em que leitores e escritores reconheceram essas características limitantes da página, houve muitas tentativas de desbaratá-las. Fosse através da forma, do espaço interno, das margens ou de uma nova disposição dos elementos, as qualidades da página se alteravam constantemente. Na luta pela supremacia do texto, estava claro que tanto o escritor quanto o leitor pretendiam ganhar.

É possível que a primeira forma da página tenha sido ditada pelas medidas da mão humana. A tabuleta de barro dos sumérios se adequava à mão de uma criança (o aprendiz de escriba) ou à de um adulto (aquele primeiro e distante contador a quem devemos a arte da escrita). Os caprichos das necessidades sociais e da propaganda política levaram as simpáticas tabuletas a adquirir dimensões gigantescas: um código de leis de Assur do século XII a.C. media, por exemplo, mais de seis metros quadrados. Mas de tempos em tempos a página voltava a suas origens de fabricação: o código que se supõe ter Júlio César criado dobrando um rolo em "páginas" para enviar mensagens a suas tropas; o Livro de Horas medieval, reservado à devoção particular; os clássicos de bolso de Aldo Manuzio; os livros de medida oficial segundo o decreto de François I em 1527; as brochuras do século XX. Nos dias atuais, o editor francês Hubert Nyssen criou o formato alongado que distingue as publicações de Actes Sud a partir da distância vertical entre o metacarpo e a ponta de seu dedo indicador, e da distância horizontal entre a base do polegar e o outro extremo da palma da mão.

Todas essas páginas em formato de bolso parecem poder caber na mão, mas essa ilusão não é duradoura. Na página, as séries de palavras se interrompem quando aparece o espaço em branco das margens e vão se apagando até ressurgir na página seguinte, obrigando o leitor a manter o significado do texto em constante suspense. As "órfãs", essas linhas penduradas que irritam os olhos, levaram os impressores a sugerir mudanças ao autor (especialmente no jornalismo), de maneira que o próprio texto se altera para se adequar às exigências da tirania da página.

Em parte para subverter essas exigências especiais, os escritores e leitores criaram livros de formatos estranhos: redondos, horizontalmente alongados "*à l'italienne*", em formato de coração, dobrados para dentro ou no estilo de um acordeom. Estes, por sua vez, também impuseram suas limitações particulares. Hoje em dia, os chamados "livros de artistas" interferem rotineiramente na configuração clássica: ampliam o texto para que ele passe por cima da medianiz, reduzem-no para que caiba inteiramente em determinado espaço, ou dividem-no de maneira a esmagar o próprio formato da página. Esse formato parece pedir aos gritos um contra-ataque.

Quando não modifica o formato ou a organização, o escritor pode alterar o texto que a página contém, de modo que a subversão é internalizada. Laurence Sterne, ao compor seu *Tristram Shandy* na década de 1760, introduziu páginas em branco, páginas repletas de elipses, e até uma página totalmente impressa em preto. Lewis Carroll, a fim de proporcionar um mapa ilimitado a seus caçadores do Snark, desenhou uma página completamente branca. Apollinaire, com seus *Calligrames*, escreveu poemas no formato de seus temas, e os poetas concretos, como o brasileiro Haroldo de Campos, inventaram uma nova forma para a página a partir de dentro, desviando a atenção do leitor das margens retas, alcançando desenhos textuais novos e surpreendentes.

Essa reestruturação interna é, naturalmente, muito antiga. Há numerosos manuscritos medievais que jogam com acrósticos e palavras cruzadas, multiplicando várias vezes as possibilidades de uso de uma página. Quando a ampliação das restrições se tornou óbvia, o texto começou a gerar seu próprio comentário. A página se metamorfoseou numa série de espaços concêntricos, quando o texto, por exemplo, escrito num bloco central e estreito da página, aparecia cuidadosamente cercado por uma glosa, que estava, por sua vez, cercada de anotações posteriores, que depois recebiam os comentários manuscritos do leitor nas margens. Esses espaços não são, em si mesmos, protecionistas: os comentários do terceiro espaço, por exemplo, podem se referir ao texto central ou à glosa, e as anotações à mão podem ter relação com as notas, com a glosa ou com o texto principal. Para escolher um entre milhares de exemplos possíveis, pensemos em certo manuscrito da *Física* de Aristóteles, Livro v, que se encontra atualmente na Biblioteca Britânica (ms Royal 12 G. ii) e que provém da segunda metade do século xiii. O texto em si ocupa a parte central acima e à direita; está emoldurado por glosas de Averróis, supostamente escritas por um certo Henri de Renham de Kent. Há, sucessivamente, comentários interlineares sobre Aristóteles e sobre Averróis que se assemelham um pouco às notas dos revisores de provas dos dias atuais, preenchendo os espaços deixados pelas glosas. Em sua famosa carta a Can'Grande, Dante apresentou quatro níveis possíveis de leitura: o literal, o alegórico, o analógico e o anagógico. Esses quatro níveis adquirem realidade física na página de Henri de Renham, posto que o texto, a glosa e os comentários sobre o texto e as glosas quadruplicam o espaço que a página destina ao texto.

Às vezes a tirania da página é subvertida em apenas um nível, mas de uma forma poderosamente íntima e pessoal. Montaigne, cujo hábito de anotar equivalia a uma conversa, continuava o diálogo na contracapa do livro que estava lendo, incluindo a data em que o havia acabado, para melhor lembrar-se das circunstâncias do acontecimento. Embora tivesse livros em várias línguas, suas notas nas margens eram sempre em francês ("não importa que língua é falada por meus livros", diz, "eu sempre falo na minha"), e em francês ele ampliava o texto e suas notas com seus comentários críticos. Para Montaigne, esse método de leitura era necessário para o que ele chamava de "busca da verdade": não a história tal como nos é dada pelas palavras dentro dos limites da página, mas a reflexão sobre essa história, meditada e adaptada pelo leitor Montaigne nos espaços conquistados, ali onde a página deixava flancos vulneráveis à invasão.

Esses espaços em branco remanescentes depois que o escritor tentou vencer o que Mallarmé chamava de "assustadora brancura da página" são justamente os espaços nos quais os leitores podem exercer seu poder, nessas frestas que eram para Roland Barthes a própria essência da excitação erótica, os interstícios do texto (mas também podemos aplicar isso ao texto físico sobre a página), que ele descreveu como "o lugar onde a roupa boceja". Nessas aberturas entre a borda do papel e a borda da tinta, o leitor (vamos estender essa imagem o mais que pudermos) pode gerar uma revolução silenciosa e estabelecer uma nova sociedade, na qual a tensão criativa já não se gera entre a página e o texto, mas entre o texto e o leitor.

Essa é a distinção feita pelos eruditos judeus medievais em relação à *Torá*. Segundo o *Midrash*, a *Torá* que Deus entregou a Moisés no monte Sinai era um texto escrito e também um comentário oral. Durante o dia, quando havia luz, Moisés lia o texto que Deus havia escrito, e na escuridão da noite estudava o comentário que Deus pronunciara. A primeira ação submete o leitor à autoridade da página; a segunda renuncia à página e submete o texto à autoridade do leitor.

Consciente do perigo da supremacia da página, o grande mestre hassídico do século XVIII, rabino Levi Yitzhak de Berdichev, tentou explicar por que faltava a primeira página em cada um dos tratados que compõem o *Talmude* da Babilônia, o que obriga os leitores a começar na página 2: "Porque, por mais páginas que o estudioso leia, ele nunca deve se esquecer de que ainda nem sequer chegou à primeira página". O que equivale a dizer que o comentário da palavra de Deus não tem um início previsível, nem no papel nem na mente do leitor. Ao eliminar a primeira página, não se pode dizer que nenhuma outra página possa forçar a Palavra de Deus e transformá-la numa explanação.

Como a página define o texto que contém marcando seu início, seu meio e seu fim, a eliminação da primeira página pode ser vista como um desafio. No século XIX, o moralista Joseph Joubert foi ainda mais longe. Segundo Chateaubriand, a biblioteca de Joubert só continha os textos de que ele realmente gostava. "Quando lia", conta Chateaubriand, "ele arrancava dos livros as páginas de que não gostava, e desse modo conseguiu formar uma biblioteca inteiramente de seu agrado, composta de livros esvaziados, encadernados com capas largas demais para eles."

Na verdade, Joubert não destruía a sequência das páginas; simplesmente a interrompia com momentos de silêncio. Em meados do século XX, Raymond Queneau tentou destruir a organização imposta pelas páginas numeradas dividindo-as em dúzias de tiras com uma linha de texto em cada uma. Desse modo, os leitores podiam construir suas próprias páginas compondo (como em livros com jogos infantis de *mix-and-match*) uma quantidade quase infinita de textos novos. Queneau deu a seu livro o título de *Cent mille milliards de poèmes*. Cortázar, num exemplo mais conhecido, propôs um livro, *O jogo da amarelinha*, que parecia submeter-se a uma série determinada de páginas, mas que na verdade destruía aquela aparência de ordem, sugerindo, em primeiro lugar, que o leitor devia seguir uma sequência de capítulos diferente daquela que aparecia no índice, para depois permitir ao acaso ou à escolha pessoal determinar a ordem em que deviam ser lidos. Nesse caso, o leitor domina tanto o espaço quanto o tempo de leitura.

Quando estava escrevendo *Madame Bovary*, Flaubert leu algumas passagens do romance para seu amigo Bouilhet, mas confessou que, ao fazer isso, o tempo narrativo dessas páginas (113 páginas, da 139 à 251) não era o seu, e sim o que ditavam as próprias páginas enquanto passavam. "Esta tarde", escreveu ele a Louise Colet, "acabei abandonando as correções; não entendia mais nada; imerso em meu trabalho, ele se tornou insuportável; o que num momento parecia um erro, cinco minutos mais tarde já não o era; tudo é uma série de correções e correções de correções que não têm fim." Antes ele havia escrito: "As páginas do meio de todo livro extenso são espantosas".

Nossa situação, nesta era eletrônica, é diferente? A leitura no computador altera certos parâmetros. Ler na tela anula (até certo ponto) a limitação temporal da leitura sobre papel. O texto flui (como o dos rolos romanos ou gregos), desdobrando-se num ritmo que não é determinado pelas dimensões de uma página e suas margens. De fato, na tela, cada página muda de forma sem cessar, mantendo o mesmo tamanho, mas alterando seu conteúdo, posto que a primeira e a última linhas vão se alterando à medida que avançamos, sempre dentro da moldura fixa da tela. Ainda que ler um texto longo numa tela seja inconveniente (por razões fisiológicas que, sem dúvida, mudarão à medida que evoluirmos como espécie), o fato é que nos liberta (se quisermos ser libertados) da percepção temporal de progresso, ilustrada pela quantidade de folhas cada vez maior que seguramos na mão esquerda e pela quantidade em constante diminuição na mão direita.

De fato, o livro imaginário de Borges encontra sua encarnação nas páginas não totalmente infinitas de um livro eletrônico. As páginas de um *e-book* superam os pesadelos do livro de Borges, posto que nenhuma de suas páginas tem verso. Como sempre se pode acrescentar mais texto ao "volume", o *e-book* não tem meio. A página de um *e-book* é a moldura que o leitor aplica àquele que é, essencialmente, o texto sem fronteiras de Borges. Como todas as outras criações literárias, o *e-book* já estava previsto na biblioteca borgiana.

Para o leitor comum, a noção de página se confunde com a

83

de folha ou fólio, e o dicionário define "página" tanto como "a folha de um livro" quanto como "um de seus lados". Nesse sentido, há um breve poema de Goethe sobre a folha dobrada sobre si mesma de uma árvore chamada *ginkgo*, que talvez seja a melhor descrição dessa natureza dupla da página. A árvore *ginkgo* é considerada um fóssil vivo, por ser a única representante atual de uma espécie que desapareceu há milhões de anos e que, como a página de um livro, não existe sob a forma silvestre. Cada uma de suas folhas rugosas, embora nascidas de um só talo, parecem duplas, e essa ambiguidade inspirou Goethe a escrever este poema:

GINKGO BILOBA

A folha vinda do leste
A que meu jardim se abre
Um sabor secreto verte
Que ao sabedor melhor sabe.

É um só ente singular
Que se reparte em duas partes
Ou são dois a se abraçar
Até gerar a unidade?

Ao responder ao dilema
Achei seu sentido oculto.
Pois se vê nos meus poemas
*Que sou ambos, uno e duplo.**

---

* Tradução de Luís Dolhnikoff, a partir do original alemão. (N. T.)

Ilustrações e diálogos

...pictures in our eyes to get...

John Donne, "A Fever"

Aos doze anos, fui levado a Baltimore, onde morei durante seis meses. Era minha primeira vez nos Estados Unidos. Em Buenos Aires, a ideia que fazíamos da América do Norte era baseada em velhas séries de tevê dubladas em Porto Rico, filmes de Hollywood que víamos um atrás do outro nas tardes de domingo e em revistas em quadrinhos. Os quadrinhos eram traduzidos no México, por isso nós os conhecíamos como *"revistas mejicanas"*. De repente, em Baltimore descobri que o considerável número de *"revistas mejicanas"* que eu conhecera em Buenos Aires não passava de uma pequena parte de um universo aparentemente infinito de quadrinhos. Para cada *Superman* e *Batman* havia dezenas de outros heróis menos famosos; para cada um daqueles *Tales of the Crypt* que nos davam arrepios na espinha havia exércitos inteiros de relatos espantosos; para cada *Little Lulu* e *Disney Comics*, um tropel de personagens malucos a serem meticulosa-

85

mente descobertos e seguidos. Voltei para casa com uma pilha de revistinhas antes desconhecidas que me chegava até os joelhos, e que me valeu a inveja e o interesse de muitos colegas de escola. Em Buenos Aires nós tínhamos, naturalmente, nossa própria série de talentos locais. Crescemos com as aventuras de Patoruzú, desenhadas por Dante R. Quinterno, o único herói que não só era índio, como também, e misteriosamente, milionário, sempre acompanhado por um jovem portenho, dândi e mulherengo, seu padrinho Isidoro. Também trocávamos entre nós os volumes grandes e grossos de *El Tony*, nos quais, junto com uma boa seleção de quadrinhos estrangeiros como *Mandrake, o Mágico* (minha favorita) e *The Cisco Kid*, líamos as estranhas e maravilhosas criações de Héctor G. Oesterheld e Solano López, autores de *El eternauta*, um viajante do tempo que visita a Terra, vindo de um futuro distante. Em 27 de abril de 1977, Oesterheld foi preso e brutalmente torturado pelo regime militar. Quase um ano mais tarde, outro prisioneiro o viu "num estado horrível". Depois disso, nunca mais se soube dele.

Havia muitas histórias com conteúdo político, desde a aparentemente inocente *Mafalda*, de Quino, até as ferozes sátiras *nonsense* de Landrú. Em 1957, Landrú fundou a revista *Tía Vicenta*, que apresentava caricaturas das principais figuras políticas e também de certos estereótipos sociais. Suas maiores invenções eram, no entanto, personagens de uma idiotice acima da média: o senhor Porcel, que sempre insistia em ter razão; Cateura, o açougueiro que obrigava seu filho a estudar latim "para que ele também se tornasse um bom açougueiro"; Rogelio, o homem que pensava demais. Outro grande gênio era Oski, cujos desenhos, de um barroquismo e de um delírio maravilhosos (acompanhados de textos também barrocos e delirantes, repletos de idiossincrasias ortográficas), valeram-lhe a admiração de, entre muitos outros, Julio Cortázar.

Como acontece com crianças de todo o mundo, éramos repreendidos por ler quadrinhos, principalmente por adultos que ou nunca os liam, ou supunham ser a única literatura que valia a pena ser lida aquela endossada pelas academias e pelos críticos empoeirados. A proibição aumentava nosso prazer, pois desconfiávamos que, para além do simples prazer de seguir uma história em palavras e imagens, outra coisa nos estava sendo contada, algo que se supunha não devermos ver ou saber.

A relação entre palavras e imagens foi debatida durante séculos, pelo menos desde a época da Grécia e de Roma, mas especialmente na Idade Média e no Renascimento. Quais eram os limites espaciais e temporais de cada um desses códigos? Complementavam-se ou subtraíam valores um ao outro? Qual servia com mais eficácia à imaginação? Retoricamente, esse problema ficou conhecido por sua etiqueta latina, *"ut pictura poesis"*, "na pintura como na poesia", que Horácio concebeu em seu *Ars poetica* no século I a.C., mas essa equivalência aparente só acentuou as diferenças entre os dois meios. Dois séculos mais tarde, a noção de que "a pintura é poesia muda e a poesia é pintura com palavras" já era, segundo Plutarco, um lugar-comum. Quer as palavras revelassem imagens que eram "espelhos do mundo" (Fray Luis de León), quer as imagens fossem vistas como "encarnações da palavra" (Pico de la Mirándola), era óbvia a relação existente entre o que a mente percebia por meio de um código motivado e convencional de signos (o alfabeto) ou de um código intuitivo e sensorial de linhas, cores e formas (as imagens). Essa intimidade entre imagens e palavras está implícita no verbo grego *graphein*, que significa "escrever" e também "pintar",* como na palavra chinesa *hsieh*.

Para nossos primeiros antepassados não havia diferença en-

---

* E em português originou tanto *grafar* quanto *gravar*. (N. T.)

tre esses dois métodos de registro. Os primeiros exemplos de escrita conhecidos (agora criminosamente destruídos no saque irrestrito a Bagdá) eram duas tabuletas de barro cozido de 6 mil anos de antiguidade, nas quais apareciam, respectivamente, uma cabra e uma ovelha, ambas as imagens coroadas por uma pequena fenda que, segundo a interpretação dos arqueólogos, denota o número 10. A imagem de uma cabra era também a palavra *cabra*, do mesmo modo que, nos primeiros tempos da religião grega, o raio representava tanto Zeus quanto seus atributos. Para esses antigos, uma imagem sem palavras ou uma palavra que não portava uma imagem era algo empobrecido, se não inconcebível.

Talvez a explicação mais forte e esclarecedora dessa relação ou conflito tenha sido dada no século XVIII pelo erudito alemão Gotthold Ephraim Lessing, em seu tratado *Laocoonte*, um estudo do agora famoso grupo escultórico talhado em Rhodes por volta de 25 a.C. e descoberto em 1506 nas ruínas das Termas de Tito, em Roma. Para Lessing, as palavras podiam (ou deviam) descrever e explorar plenamente as emoções; já as imagens requeriam uma grande contenção e seu poder residia no olhar do observador. Lessing comentou que um poeta pode retratar as emoções de um personagem em determinado momento e permitir que o leitor siga o percurso desse personagem ao longo da narrativa; um pintor ou escultor está sujeito ao instante e, portanto, deve limitar-se a uma só expressão. Para Lessing, uma "leitura" evolui no tempo, a outra, no espaço: as duas demandam a participação ativa do público. "É preciso ser jovem", escreveu o ancião Goethe em 1814,

> para entender a influência que o *Laocoonte* de Lessing exerceu sobre nós, arrancando-nos da passividade da contemplação e abrindo-nos o reino livre do pensamento. A "*ut pictura poesis*", por mui-

to tempo incompreendida, apagou-se de repente; seus cumes nos pareciam muito diferentes, embora próximos de suas fundações.

Na verdade, o dilema de Lessing fora resolvido muito tempo antes, mas era necessário que sua solução tomasse a forma de um determinado gênero artístico para revelar suas raízes óbvias. A sequência de figuras e signos nos murais do Egito Antigo, bem como os frisos dos templos gregos e dos monumentos romanos, as Bíblias moralizantes e a *Bibliae pauperum* da Idade Média, os livros de emblemas do Renascimento e as caricaturas políticas dos séculos XVII e XVIII anteciparam a forma que seria consagrada naquelas histórias em quadrinhos de minha infância. O leitor que sou hoje tem para com elas uma dívida de gratidão.

Quarto para a sombra

Sem pena, sem tinta, sem mesa, sem quarto, sem tempo, sem silêncio, sem vontade.

James Joyce, em carta a seu irmão,
7 de dezembro de 1906

Eu não ia escrever. Por muitos anos a tentação permaneceu à sombra, invisível. Os livros tinham a presença sólida do mundo real e satisfaziam todas as minhas possíveis necessidades, tanto no início, quando eram lidos para mim em voz alta, quanto mais tarde, quando eu os lia sozinho e em silêncio, mas sempre reafirmavam sua garantia de que o que me contavam não iria mudar, iria manter-se incólume, ao contrário do que ocorria com os quartos em que eu dormia e com as vozes que ouvia do outro lado da porta. Viajávamos muito, minha babá e eu, porque meu pai trabalhava para o serviço diplomático argentino, e os vários quartos de hotel, e mesmo a residência da embaixada em Tel Aviv, não tinham a familiaridade de certas páginas nas quais eu deslizava noite após noite.

Depois que aprendi a ler, esse retorno à *storyland* deixou de depender da disponibilidade, do ânimo ou do cansaço de minha babá, ficando entregue aos meus próprios caprichos, e eu voltava aos livros que sabia de cor cada vez que o desejo ou o impulso me tocavam, seguindo então na página as palavras recitadas em minha mente. De manhã, sob uma das quatro palmeiras que formavam um quadrado no jardim murado da embaixada, ou durante o trajeto de carro até o grande parque selvagem onde tartarugas selvagens se arrastavam pelas dunas semeadas de tufos de oleandros; especialmente à noite, enquanto minha babá, pensando que eu dormia, sentava-se diante de sua máquina de costura elétrica e, afetada por misteriosas dores de estômago que a mantinham angustiosamente desperta, trabalhava até bem depois da meia-noite. Embalado pelo zumbido áspero e metronômico de sua máquina quando ela movia a manivela da esquerda para a direita, sob a luz mortiça com que se iluminava ao costurar, eu me virava para a parede com meu livro e lia sobre um herói parecido com Aladim, que se chamava Kleine Muck; lia sobre Crusoe, o cão aventureiro, sobre o namorado ladrão que drogava suas vítimas com vinhos de três cores, sobre Kay e Gerda e a malvada Rainha de Gelo.

Nunca pensei que pudesse acrescentar um livro meu à estante. Tudo o que eu queria já estava ali, ao alcance da mão, e eu sabia que, se sentisse vontade de ler uma nova história, na livraria que ficava a poucos passos de minha casa havia muitíssimos outros livros para somar a meu estoque. Inventar uma história, tarefa que então me parecia impossível, seria como tentar construir outra palmeira para o jardim ou moldar uma nova tartaruga para que se arrastasse pela terra. Que esperança de sucesso eu podia ter? E, acima de tudo, qual a necessidade disso?

Voltamos a Buenos Aires quando eu estava com sete anos, para uma casa grande e acolhedora numa rua calçada com paralelepípedos, onde me foi destinado um quarto próprio que dava para o pátio dos fundos. Até esse momento eu só havia falado inglês e alemão. Aprendi a falar castelhano e, pouco a pouco, somaram-se a minhas estantes livros nesse idioma. Mesmo assim, não havia nada que me estimulasse a escrever.

As lições de casa, claro, não contavam. As "composições", como eram chamadas, consistiam em encher um par de páginas sobre determinado tema, sempre mais próximo da reportagem que da ficção. A imaginação não era requerida. "Retrato de um membro da família", "O que fiz no domingo", "Meu melhor amigo" produziam uma prosa açucarada e polida, ilustrada a lápis de cor com um desenho igualmente cordial da pessoa ou do evento em questão, tudo para ser minuciosamente revisto pelo professor. Afastei-me do tema imposto apenas uma vez. O título dado era "Uma batalha no mar"; o professor, certamente, não tinha dúvida de que seus alunos, todos garotos, compartilhariam seu entusiasmo pelos jogos bélicos. Mas eu nunca lia os livros sobre aviadores e soldados que agradavam a muitos de meus colegas, a série "Biggles", por exemplo, ou os relatos sobre as guerras mundiais, cheios de aviões e tanques, impressos num papel esponjoso e grosso. Percebi que carecia completamente do vocabulário requerido para a tarefa. Então decidi interpretar o título de maneira diferente, e escrevi a descrição de uma batalha entre um tubarão e uma lula gigante, sem dúvida inspirado por uma ilustração de um de meus livros favoritos, *Vinte mil léguas submarinas*. Fiquei surpreso ao descobrir que minha inventividade não divertiu, e sim enfureceu o professor, que me disse (com bastante razão) que eu sabia muito bem não ser aquilo o que ele quisera dizer. Creio que aquela foi minha primeira tentativa de escrever uma história.

A ambição deu lugar a minha segunda incursão pela escritura. Todo ano, antes das férias de verão, representava-se na escola uma peça vagamente patriótica, exemplar e entediante. Decidi que deveria escrever algo que ao menos não fosse pior do que aqueles dramas pedagógicos e, certa noite, depois do jantar, sentei-me e compus uma obra sobre a infância de um de nossos antigos presidentes, famoso, como Lincoln, por jamais ter mentido. A primeira cena começava com o menino enfrentando o dilema de denunciar um colega ou mentir para seus pais; a segunda o mostrava inventando uma história para proteger seu amigo; na terceira, meu herói sofria os remorsos de uma consciência atormentada; na quarta, seu amigo leal confessava o terrível crime; na quinta, nosso herói se arrependia de sua mentira, esquivando-se habilmente do verdadeiro dilema. O título da peça tinha a virtude de ser, se não inspirador, ao menos claro: *O dever ou a verdade*. A escola a aceitou e a peça foi montada, e eu senti pela primeira vez a emoção de ter as palavras que escrevera sendo lidas em voz alta por outra pessoa.

Eu tinha doze anos nessa época, e o sucesso da experiência me animou a repeti-la. Escrevera *O dever e a verdade* em poucas horas; em poucas horas tentei escrever uma imitação de *Aprendiz de feiticeiro* (inspirado em *Fantasia*, de Disney), um drama religioso com Buda, Moisés e Cristo como principais protagonistas, e uma adaptação de "Falada, o cavalo falante", dos irmãos Grimm. Não terminei nenhum dos textos. Percebi que, se ler é uma atividade satisfatória e sensual, com uma intensidade e um ritmo que compactuam com o leitor e o livro escolhido, escrever, em compensação, é uma tarefa estrita, tediosa e fisicamente exigente, na qual os prazeres da inspiração estão todos bem, mas não são mais do que a fome e a sede para um cozinheiro: um ponto de partida e uma baliza, não a ocupação principal. Longas horas, articulações enrijecidas, pés cansados, mãos com cãibras, o calor ou o frio do local de trabalho, a angústia da falta de ingredientes e a humilhação decorrente da falta de know-how, cebolas que fazem chorar e facas que cortam os dedos, é o que espera qualquer um que tenta preparar uma boa comida ou escrever um bom livro. Aos doze anos de idade, eu não estava disposto a dedicar nem um par de noites à redação de um texto. Para quê? Decidi reinstalar-me confortavelmente em meu papel de leitor.

Os livros continuavam a seduzir-me, e eu adorava tudo que tivesse a ver com eles. Durante minha adolescência em Buenos Aires, tive a sorte de conhecer vários escritores famosos. Primeiro numa livraria anglo-alemã onde eu trabalhava nas horas de folga da escola, e mais tarde, numa pequena editora onde me empregara como aprendiz de editor, conheci Jorge Luis Borges, Adolfo Bioy Casares, Silvina Ocampo, Marta Lynch, Marco Denevi, Eduardo Mallea, José Bianco e muitos outros. Eu gostava de estar na companhia de escritores e ao mesmo tempo me sentia muito intimidado em sua presença. Claro que eu era quase invisível para eles, mas de vez em quando algum reparava em mim e perguntava: "Você escreve?". Minha resposta era sempre "Não". Não que eu não quisesse, ocasionalmente, ser como eles e ter meu nome num livro que outros admirassem. Acontece, porém, que eu tinha uma consciência muito clara de que nada do que pudesse produzir mereceria ocupar um lugar na mesma estante dos livros que amava. Imaginar que um livro meu ficasse capa a capa com um romance de Conrad ou de Kafka era não só impensável como incongruente. Mesmo um adolescente, a despeito de toda a sua arrogância, tem senso do ridículo.

Mas eu escutava. Ouvi Bioy falar da necessidade de tramar cuidadosamente os sucessivos episódios de uma história para saber com precisão para onde se dirigiam os personagens, e depois cobrir os rastros, deixando apenas algumas pistas para que os leitores pensassem estar descobrindo algo invisível para o escritor. Ouvi Silvina Ocampo explicar por que a tragédia das pequenas coisas, de pessoas bem comuns, era mais comovente que a de personagens complexos e poderosos. Ouvi Marta Lynch falar apaixonadamente, com inveja, de Tchecov, Denevi falar de Buzzati, Mallea de Sartre e Dostoiévski. Ouvi Borges desmontar um conto de Kipling em suas numerosas partes e remontá-lo, como um relojoeiro inspecionando um instrumento precioso e antigo. Ouvi esses escritores me contando como tinha sido feito aquilo que eu lia. Era como estar numa oficina e ouvir os professores discutindo sobre os materiais mais adequados, as melhores combinações, os truques e recursos pelos quais algo pode ser mantido em equilíbrio ou girando indefinidamente, ou sobre como construir algo que pareça de uma finura e simplicidade impossíveis mas, ao mesmo tempo, oculte milhares de molas e engrenagens complexas. Eu escutava, não para aprender um novo ofício, mas para conhecer melhor o meu.

Em 1968, depois de decidir que não seguiria a carreira universitária, parti para a Europa e trabalhei esporadicamente como leitor freelance para várias editoras. A remuneração era péssima e poucas vezes tive dinheiro para pagar mais do que algumas refeições semanais. Um dia, soube que um jornal argentino estava promovendo um concurso de contos que oferecia um prêmio de quinhentos pesos. Decidi me inscrever. Em pouco tempo escrevi, em castelhano, quatro contos que eram legíveis, corretos do ponto de vista formal, mas totalmente anódinos. Pedi ao escritor cubano Severo Sarduy, que conhecera em Paris e que escrevia num espanhol barroco rico, exuberante, vibrante de alusões literárias, que os lesse. Ele me disse que eram terríveis. "Você usa as palavras como um contador", disse-me. "Não pede a elas que sirvam a seu propósito. Aqui você põe um personagem que cai e perde uma de suas lentes de contato. Diz que ele se levanta do chão 'meio cego'. Pense bem. A palavra de que você precisa é 'ciclope'." Obediente, escrevi "ciclope" no conto e o mandei junto com os outros. Poucos meses depois, soube que era um dos ganhadores. Senti-me mais envergonhado do que orgulhoso, mas pude comer bem durante alguns meses.

Eu ainda não conseguia escrever. Rabisquei alguns ensaios, uns poucos poemas, todos atrozes. Meu coração não estava ali. Como alguém que adora música e tenta tocar piano, eu empreendia a experiência mais por curiosidade do que por paixão, para ver como se fazia. Então parei. Trabalhava para editoras, selecionava manuscritos, imaginava títulos para os livros de outras pessoas e organizava antologias de diferentes tipos. Tudo o que eu fazia era sempre na qualidade de leitor. "Davi era talentoso e sabia compor salmos. E eu? De que sou capaz?", perguntou o rabino Ouri no século XVIII. Sua resposta foi: "Eu posso recitá-los".

Publiquei meu primeiro livro em 1980. *O dicionário de lugares imaginários* foi o resultado de uma colaboração com Gianni Guadalupi, que eu conhecera quando trabalhávamos para a mesma editora italiana. A ideia do livro foi de Gianni: um guia sério de países de ficção, para o qual lemos mais de 2 mil livros, com uma energia que só se tem quando se é jovem. Escrever o *Dicionário* não foi o que eu hoje chamaria de escrever: foi mais como resumir os livros que líamos, detalhando a geografia, os costumes, a história, a flora e a fauna de lugares como Oz, Ruritânia, Cristianópolis. Gianni me mandava suas notas em italiano, eu as traduzia para o inglês e lhes dava a forma de verbetes de dicionário, sempre me atendo ao estilo de um guia de viagens. Por usarmos palavras para um vasto número de coisas, muitas vezes escrever se confunde com outras atividades: enumerar (como em nosso *Dicionário*), anotar impressões, ensinar, informar, noticiar, conversar, dogmatizar, resenhar, engambelar, fazer declarações, anunciar, fazer proselitismo, dar sermão, catalogar, informar, descrever, "brifar", tomar notas. Realizamos tais tarefas com a ajuda das palavras, mas nenhuma delas, tenho certeza, constitui escrever.

Dois anos mais tarde cheguei ao Canadá. Em virtude do *Dicionário*, pediram-me que resenhasse livros para jornais, que falasse sobre livros em rádios, que traduzisse livros para o inglês e que fizesse adaptações de livros para o teatro. Eu estava muito satisfeito. Comentava livros que eram familiares para meus amigos quando eu era jovem, mas que eram novos para os leitores canadenses, ou lia pela primeira vez clássicos canadenses que refletiam misteriosamente outros livros de lugares e tempos remotos, e a biblioteca que iniciara aos quatro ou cinco anos continuava crescendo todas as noites, ambiciosa e incessante. Os livros sempre cresceram ao meu redor. Lá, em minha casa em Toronto, eles cobriam todas as paredes, enchiam cada aposento. Nunca pararam de crescer. Eu não tinha a menor vontade de me somar a essa proliferação.

Em vez disso, praticava diferentes tipos de leitura. As possibilidades oferecidas pelos livros são uma legião. A relação solitária de um leitor com seu livro se divide em dúzias de outras relações: com amigos, a quem instamos para que leiam os livros que nos agradam, com livreiros (os poucos que sobreviveram na Era dos Supermercados) que nos sugerem títulos novos, com desconhecidos para quem compilamos antologias. Lendo e relendo ao longo dos anos, essas atividades se multiplicam e repercutem entre si. De repente alguém nos lembra de um livro que adorávamos na juventude e que lhe havíamos recomendado, a reedição de um livro que pensávamos estar esquecido o traz novamente para nossos olhos, uma história lida em determinado contexto se transforma numa história diferente sob uma capa diferente. Nunca entramos duas vezes no mesmo livro.

Então, por acaso, devido a uma pergunta sem resposta, minha atitude com a leitura mudou. Já contei essa história antes, em outro lugar. Um amigo que se exilara durante a ditadura militar argentina revelou-me que um de meus professores no secundário, uma pessoa que tivera um papel fundamental em fomentar meu amor pela literatura, denunciara deliberadamente seus alunos aos militares. Era o mesmo professor que nos havia falado de Kafka, de Ray Bradbury e do assassinato de Polixena (ainda posso ouvir sua voz quando leio estes versos)* no romance medieval espanhol que começa dizendo:

*A la qu'el sol se ponía
en una playa desierta,
yo que salía de Troya
por una sangrienta puerta,
delante los pies de Pirro
vide a Polyxena muerta...***

Depois da revelação, foi-me impossível saber se devia negar o valor de seus ensinamentos ou a maldade de seus atos, ou se devia tentar uma monstruosa combinação das duas coisas, vivas na mesma pessoa. Para dar forma a minha pergunta escrevi um romance, *News from a Foreign Country Came*.

Dizem que a maioria dos escritores sabe, desde muito cedo, que irá escrever. Algo deles mesmos, refletido no mundo exterior, no modo como os outros os veem, no modo como são vistos pelos outros ou no modo como veem a si mesmos dando palavras aos objetos cotidianos — para as árvores, o céu, os olhos de um cão, a luz tênue do sol em certa manhã nevada —, algo lhes diz que são escritores, assim como algo diz a seus amigos que serão doutores ou dentistas. Algo os convence de que foram elei-

---

* Polixena, filha de Hécuba e Príamo, foi sacrificada pelo filho de Aquiles, Neoptolemus (também conhecido por Pirro), para apaziguar o fantasma de seu pai.
** "À hora em que o sol caía/ sobre a mais deserta orla,/ eu que de Troia saía/ por uma sangrenta porta,/ diante dos pés de Pirro/ eu vi Polixena morta." (N. T.)

tos para essa tarefa e de que, quando crescerem, seus nomes aparecerão impressos na capa de um livro, como o emblema de um peregrino. Creio que algo me disse que eu seria leitor. O encontro com meu amigo exilado ocorreu em 1988; não foi, pois, antes de eu completar quarenta anos que a ideia de me transformar em escritor apresentou-se como uma possibilidade. O quadragésimo aniversário é um momento de mudança, tempo de resgatar dos velhos armários o que quer que tenha ficado ali, guardado na escuridão, e de reconsiderar suas forças latentes.

Minha intenção era clara. O fato de o resultado não ter sido satisfatório não modificava a natureza de meu propósito. Agora eu queria escrever. Queria escrever um romance. Queria escrever um romance que pusesse em palavras — palavras literárias, palavras como aquelas que formavam os livros em minhas estantes, palavras incandescentes — que me pareciam impossíveis de ser ditas. Tentei. Nos intervalos que o trabalho remunerado me deixava, de manhã cedo ou tarde da noite, em quartos de hotel e em cafés, quando algum encargo me obrigava a viajar, redigi como pude a história de um homem com duas naturezas, ou com uma só natureza dividida. *Dr. Jekill and Mr. Hyde*, lido durante uma noite de terror quando eu tinha treze anos, nunca se afastou de meus pensamentos. Eu estava desesperado para dispor de um período longo em que pudesse trabalhar no romance continuamente, sem perder o passo, a sequência, a lógica e o ritmo. Convenci-me de que podia retomar o fio da meada depois de dias ou semanas de interrupção. Fingi que a falta de concentração não importava e que eu seria capaz de continuar do ponto em que o havia deixado, assim como podia voltar a um relato que eu estava lendo no lugar em que havia deixado meu marcador. Estava enganado, mas a falta de um intervalo de tempo ininterrupto não foi a única razão de meu fracasso. As lições dos mestres pareciam ter sido inúteis. Algumas cenas funcionavam. O romance, não.

O que faltava era *métier*. Leitores percebem quando uma frase funciona ou não, quando ela respira e sobe e desce no compasso de seu próprio sentido, ou quando permanece imóvel como se estivesse embalsamada. Leitores que se debruçam sobre a escrita e se transformam em autores também podem reconhecer isso, mas nunca sabem como explicá-lo. O máximo que um escritor pode fazer é aprender as regras da gramática e da ortografia, e o ofício da leitura. Fora isso, a excelência que porventura venha a alcançar será resultante daquilo que faz simplesmente tentando aprender, aprender a escrever escrevendo, num belo círculo vicioso que se ilumina (ou pode iluminar) a si mesmo em cada turno. "Há três regras para se escrever um bom livro", disse Somerset Maugham. "Infelizmente, ninguém sabe quais são."

Experiência de vida todo mundo tem; o dom de transformá-la em experiência literária é o que nos falta. E mesmo que esse talento alquímico nos seja concedido, que experiências um escritor pode utilizar em sua tentativa de contar uma história? A morte de sua mãe, como a narradora de "Material", de Alice Munro? Um desejo culpado, como em *Morte em Veneza*, de Thomas Mann? O sangue de uma pessoa amada, como o mestre que vê seu discípulo decapitado e pensa em como é belo o sangue escarlate sobre o solo verde, em "A salvação de Wang Fô", de Marguerite Yourcenar? Tem ele o direito de lançar mão até da vida íntima de sua família, de seus amigos, daqueles que confiavam nele e que poderiam ficar horrorizados caso se encontrassem pronunciando palavras confidenciais diante de um público leitor? Quando Marian Angel, na companhia de outros autores, ouvia algo que a atraía, gritava "É meu!", reclamando para sua escritura o suculento petisco, por mais confidencial que fosse. Ao que parece, no reino da escritura não há restrições morais para a caça e a pesca.

Eu também tentei trabalhar a partir de minha experiência,

procurando momentos e acontecimentos para povoar aquilo que estava invocando das sombras. Para meu personagem principal escolhi o rosto de um homem que vira certa vez num jornal, um rosto que parecia delicado, sábio e amável e que, mais tarde, descobri pertencer a Klaus Barbie. Aquele rosto enganoso caía perfeitamente bem a meu personagem, assim como o nome, Berence, que tomei de um cavalheiro que conheci na viagem de navio de Buenos Aires à Europa, um escritor que tinha o costume de ir e vir através do Atlântico sem jamais parar no porto de destino, e que numa noite em que eu estava doente, com febre alta, contou-me a história de Lafcadio, que comete o ato gratuito de empurrar o idealista Amédée de um trem em movimento, em *Les Caves du Vatican*, de Gide. Descrevi Argel a partir de minhas lembranças de Buenos Aires (outra cidade pseudofrancesa junto ao mar), e o norte de Quebec a partir de minhas lembranças de uma visita a Percé. Para dar um fecho à história, eu precisava descrever os procedimentos de um torturador, não a própria tortura. Imaginei alguém aplicando seus golpes brutais não numa pessoa, mas em algo inerte. Em minha geladeira abandonada encontrei um aipo velho. Imaginei como seria torturá-lo. Misteriosamente, a cena obteve um resultado exato e preciso. Mas eu ainda precisava encontrar palavras para o álibi do torturador. Não sabia como fazer isso. "Você precisa conseguir pensar como ele", aconselhou minha amiga Susan Swan. Eu não acreditava que isso fosse possível. Para minha humilhação, percebi que eu poderia pensar os pensamentos de um torturador.

Mas, apesar de alguns poucos momentos bem resolvidos, o texto cambaleava, tropeçava, caía. Descobri que tentar contar que um homem entra num quarto, ou que a luz do jardim mudou, ou que a menina se sentia ameaçada, ou todas as coisas simples e exatas que comunicamos (ou pensamos comunicar) a todo momento e a cada dia é uma das tarefas literárias mais difíceis.

101

Pensamos que é fácil porque aquele que nos escuta, ou nos lê, carrega o peso epistemológico e supõe-se que intui nossa mensagem, que sabe o que queremos dizer. Mas, na verdade, os signos que representam os sons que acendem os pensamentos que invocam a lembrança que escarafuncha na experiência que convoca a emoção desmoronam sob o peso de tudo aquilo que devem suportar, e mal servem, quase nunca, ao propósito para o qual foram desenhados. Quando fazem isso, o leitor sabe que o escritor teve êxito, e agradece pelo milagre.

Num de seus ensaios, Chesterton observa que "estão enterradas em cada livro comum as cinco ou seis palavras a partir das quais realmente todo o restante será escrito". Creio que todo leitor pode encontrá-las nos livros que ama; não estou certo de que o escritor também possa. Quanto ao meu romance, tenho apenas uma vaga noção de quais poderiam ser essas palavras, e agora (tantos anos depois) sinto que teriam sido suficientes, se me tivessem chegado naquela época, no princípio.

O livro não saiu como eu imaginava, mas agora eu também era um escritor. Agora eu também estava nas mãos (literalmente) de leitores que não tinham outra prova de minha existência a não ser meu livro, e que me julgavam, interessavam-se por mim ou, mais provavelmente, descartavam-me, sem considerar nada além do que eu podia oferecer entre os limites estritos da página. Quem era eu, quem tinha sido, quais as minhas opiniões, quais as minhas intenções, quão profundo o meu conhecimento do tema, quão sincera a minha preocupação com a questão principal, isso tudo era irrelevante para eles. Como o Mosquito em *Alice através do espelho*, sempre dizendo a Alice que ela "poderia fazer uma piada com isso", o escritor deseja dizer ao leitor que ele "poderia rir do absurdo dessa passagem" ou "poderia chorar com essa cena", mas, como Alice, o mais provável é que o leitor responda: "Se você quer tanto que alguém faça uma piada, por que não a faz você mesmo?". Tudo o que eu não conseguira transmitir em meu romance não estava lá, e nenhum leitor que se preze forneceria as piadas e os sofrimentos que eu omitira. Nesse sentido, sempre me intriga a generosidade com que certos leitores estão dispostos a corrigir as deficiências de péssimos escritores; talvez um livro não deva ser apenas medíocre, mas francamente ruim, para provocar no leitor uma reação samaritana.

Não sei o que — se todos os conselhos que os mestres me deram ou se os livros que me serviram de exemplo, se os acontecimentos exemplares que presenciei ou as histórias instrutivas que ouvi ao longo da vida — foi responsável por minhas poucas páginas bem-sucedidas. O processo de aprender a escrever é desanimador porque é inexplicável. Nenhum grau de esforço, objetivos esplêndidos, bons conselhos, documentação impecável, experiências assustadoras, conhecimento dos clássicos, ouvido musical e gosto para o estilo garantem uma boa escritura. Algo, impulsionado pelo que os antigos chamavam de Musa, e nós, timidamente, de inspiração, escolhe e combina, recorta, costura e cerze um manto de palavras para vestir aquilo que se agita em nossas profundezas, inefável e imaterial, uma sombra. Às vezes, por razões que nunca são claras, tudo se encaixa: a forma é correta, o ponto de vista é correto, o tom e a cor são corretos e pelo espaço de uma linha ou de um parágrafo a sombra aparece desdobrada em todo o seu espantoso mistério, não traduzida em uma outra coisa, não a serviço de uma ideia ou de uma emoção, nem sequer como parte de um relato ou de um ensaio, mas como pura epifania: uma escritura que, como diz a velha metáfora, é equivalente ao mundo.

Na França da primeira metade do século XVIII, era comum que os espectadores de uma peça de teatro, se fossem ricos, comprassem assentos não na platéia ou nos camarotes, mas diretamente no palco, um costume tão popular que esse público intruso era mais numeroso que o elenco. Na estréia da peça *Semíramis*, de Voltaire, havia tantos espectadores no palco que o ator que representava o espírito do rei Ninus tropeçou e quase caiu, o que arruinou uma cena dramática importante. Em meio às gargalhadas que isso causou, diz-se que Voltaire se levantou e gritou: "*Place à l'ombre!*", "Deixem lugar para a sombra!".

A anedota é útil. Como um palco, a vida de um escritor é feita de um artifício cuidadosamente balanceado, uma iluminação exata e inspiradora, o *timing* correto, a música exata e a combinação secreta de *métier* e experiência. Por razões de oportunidade, dinheiro, prestígio, amizade e obrigações familiares, o escritor deixa que suba no palco e que se sente durante a apresentação uma multidão de intrusos que, então, tornam-se participantes involuntários, ocupando espaço, arruinando um bom efeito, fazendo os atores tropeçarem, e finalmente se transformando em desculpas, motivos do fracasso, distrações honoráveis e tentações justificáveis. O sucesso do texto (ou seja, de se escrever algo bom) depende de coisas diminutas e frágeis, e embora seja verdade que o gênio pode superar todos os obstáculos — Kafka escreveu obras-primas no corredor da casa hostil de seu pai, e Cervantes sonhou o *Quixote* na prisão —, o mero talento requer um espaço mental menos abarrotado, menos forçado do que costuma ter a maioria dos escritores. A sombra precisa de espaço. E mesmo assim, nada nos é prometido.

Por enquanto, o leitor que eu sou julga o escritor que escolhi ser com uma tolerância divertida, quando este inventa estratégias para seu novo ofício. A sombra que revoluteia pelo quarto é infinitamente poderosa e frágil, e imensamente sedutora, e me acena (penso que acena) para que eu atravesse a página de um lado para o outro.

III.

COMPRA E VENDA

"É demais fazer uma única palavra significar tudo isso", disse Alice em tom pensativo.

"Quando eu faço uma palavra trabalhar tanto assim", disse Humpty Dumpty, "sempre pago um extra... [...] Ah, você precisa ver como elas me cercam nas noites de sábado", continuou Humpty Dumpty, meneando a cabeça gravemente de um lado para o outro, "para receber seus salários, claro."

Alice através do espelho, *capítulo VI*

Últimas respostas

À la mémoire de Simone Vauthier

Pouco antes de morrer, Gertrude Stein perguntou: "Qual é a resposta?".

Não houve resposta. Ela começou a rir e disse: "Nesse caso, qual é a pergunta?". E então morreu.

Donald Sutherland, Gertrude Stein

Em 19 de abril de 1616, um dia depois de receber a extrema-unção, Miguel de Cervantes Saavedra dedicou a d. Pedro Fernández de Castro, conde de Lemos, seu último livro, *Los trabajos de Persiles y Segismunda*, uma obra que, em sua opinião, atrevia-se a "competir com Heliodoro": Heliodoro foi um "romancista" grego, famoso em certa época e hoje esquecido, cuja obra *Aethiopica* Cervantes muito admirava. Três ou quatro dias mais tarde (os historiadores divergem sobre isso), Cervantes morreu, deixando sua viúva com o encargo de publicar *Persiles*. Seu *Quixote*, se pudermos acreditar, ao menos em parte, no modesto *excusatio* que encabeça o primeiro volume, era para Cervantes uma obra lamentavelmente menor. "Que poderá engendrar meu estéril e mal cultivado engenho, senão a história de um filho seco, enrugado, cheio de caprichos e de vários pensamentos nunca dantes concebidos?", pergunta ele ao leitor. Em seu leito de morte, tentando avaliar seus próprios trabalhos, Cervantes conclui que *Persiles*, ou talvez seu longo e inconcluso romance pastoril *Galatea*, será seu testamento literário. Os leitores decidiram discordar desse julgamento, e é o *Quixote* que agora vive como um livro de nosso tempo, ao passo que o resto da obra de Cervantes transformou-se, em grande parte, em pasto para acadêmicos. *Dom Quixote* representa para nós a totalidade da obra cervantina e talvez o próprio Cervantes.

Como Cervantes, quase sempre ignoramos nosso destino. Condenados à vida consciente, compreendemos que nossa viagem por esta terra é uma viagem que, como todas as viagens, deve ter tido um começo e sem dúvida terá um fim, mas quando foi dado o primeiro passo e quando será dado o último, para onde nos dirigimos e por que, e em busca de que resultados, são questões que permanecem implacavelmente sem resposta. Podemos nos consolar, como o próprio Dom Quixote, com a convicção de que nossas boas intenções e nosso nobre sofrimento justificam, misteriosamente, o fato de estarmos vivos, e de que por meio de nossas ações desempenhamos um papel que ajuda a manter o equilíbrio secreto do universo. Mas o consolo não nos tranquiliza.

Os judeus acreditam que 36 homens justos, os *Lamed Wufniks*, justificam o mundo perante Deus. Nenhum deles sabe que é um *Lamed Wufnik*, nem conhece a identidade dos outros 35, mas, por razões claras apenas para Deus, sua presença impede que o mundo desabe em pó. Talvez não exista nenhum ato, por mais ínfimo e banal que seja, que não cumpra um propósito similar. Talvez cada uma de nossas vidas (e a de cada inseto, de cada árvore, de cada nuvem) seja como uma letra num texto cujo significado depende de determinada sequência de letras que aparecem e desaparecem, numa história cujo começo ignoramos e cujo fim não leremos. Se a letra *L* neste parágrafo tivesse consciência de si mesma, ela poderia se fazer as mesmas perguntas e, incapaz de ler a página na qual está escrita, também não receberia resposta alguma.

Não saber que tarefa foi a eles destinada, mas sentir que eles podem saber quando esta foi cumprida: esse é o paradoxo que atormenta os artistas desde o princípio dos tempos. Os artistas sempre tiveram consciência de seu engajamento (ou de seu recrutamento) numa tarefa cujo objetivo final desconhecem. Eles podem perceber, às vezes, que conseguiram algo, sem entender exatamente o que nem como, ou desconfiar que estão prestes a alcançar alguma coisa que acabará por escapar-lhes, ou que lhes foi designada uma tarefa definida pela própria impossibilidade de ser realizada. Incontáveis monumentos, pinturas, sinfonias e romances inacabados testemunham seu húbris artístico; alguns outros proclamam bravamente que o sucesso está (ainda que raramente) entre nossas possibilidades.

Em algum lugar a meio caminho de *La Prisonnière*, Marcel descobre que o escritor Bergotte morreu depois de uma visita ao museu onde está exposta a *Vista de Delft*, de Vermeer. Um crítico observou que "uma pequena mancha de muro amarelo" estava pintada com tanta perfeição que, vista isoladamente, parecia possuir uma "beleza autossuficiente". Contrariando as ordens do médico de que não saísse da cama, Bergotte, que pensa conhecer bem a pintura, empreende dolorosamente a viagem até o museu para observar melhor a pequena mancha. "É assim que eu deveria escrever", lamenta ele, antes de desmoronar. Bergotte reconhece numa parte diminuta de uma das pinturas de Vermeer uma proeza que ele jamais pudera alcançar e, depois dessa constatação atroz, morre. A cena narrada por Proust é exemplar. A contemplação de uma obra de arte bem-sucedida, que se basta a si mesma, constitui uma referência pela qual todo artista pode mensurar seu próprio trabalho e conhecer seu próprio destino, não em termos absolutos, obviamente, mas na situação particular em que essa obra o afetou. Agora ele sabe o que quer dizer alcançar (ou não) uma espécie de perfeição, e pode decidir se vai seguir em frente ou parar.

Nesse sentido, nem toda interrupção se deve à falta de sucesso. Quando Kafka abandona seu *Castelo* antes da conclusão formal da história, quando Gaudí morre antes de acabar sua Sagrada Família, quando Mahler anota apenas as primeiras notas de sua décima sinfonia, quando Michelangelo se nega a continuar trabalhando na *Pietà* de Florença, somos nós, o público, não o artista, que consideramos o trabalho inacabado. Para o criador, a obra poderá ser esquemática, truncada, mas nunca insuficiente, como aquela pequena mancha amarela de Vermeer isolada no olhar do observador.

Rimbaud interrompeu sua carreira poética aos dezenove anos; Salinger não escreveu mais contos depois de 1963; o poeta argentino Enrique Banchs publicou seu último livro em 1911 e depois viveu 57 anos sem publicar um único verso novo. Não sabemos se esses criadores sentiram, em certo momento, a epifania de terem alcançado tudo o que deviam alcançar, podendo então sair de cena, pois já não lhes restava mais nada a fazer. De nossa distância de leitores, certamente sua obra parece acabada, madura, perfeita. Mas foi assim que os artistas a viram?

São poucos os artistas que reconhecem seu próprio gênio sem hipérbole nem modéstia. O paradigma é Dante, que, enquanto escrevia seu grande poema, sabia que era grande e disse isso ao leitor. Para a maioria dos outros, no entanto, o aprendizado da arte jamais acaba e as obras produzidas nunca chegam a ser totalmente bem-sucedidas. Consideremos, por exemplo, a seguinte confissão:

> Desde os seis anos senti o impulso de desenhar a forma das coisas. Aos cinquenta, expus uma coleção de desenhos, mas nada do que fiz antes dos setenta me satisfez. Só aos 73 anos fui capaz de intuir, ainda que aproximadamente, a verdadeira forma e natureza dos pássaros, peixes e plantas. Por conseguinte, aos oitenta terei feito grandes progressos; aos noventa terei penetrado na essência de todas as coisas; aos cem certamente terei ascendido a um estado mais elevado e indescritível; e se chegar aos 110 anos, tudo, cada ponto e cada linha, terá vida. Convido todos os que viverem tanto quanto eu a comprovar se vou cumprir essas promessas. Escrito aos 75 anos, por mim, antes Hokusai, agora chamado Huakivo-Royi, o velho enlouquecido pelo desenho.

Quer um artista tenha interrompido sua carreira criativa ou a tenha seguido até o último suspiro, quer ele sinta que algo do que fez sobreviverá a seu pó e suas cinzas ou acredite que sua obra, como adverte o Eclesiastes, não é senão "vaidade e aflição de espírito", sempre seremos nós, seu público, que continuaremos buscando no criado e exposto certo grau de mérito, uma hierarquia estética, moral ou filosófica. Pensamos saber mais do que o criador.

Nossa arrogância, no entanto, parte de um pressuposto que talvez seja indefensável: a de que existe uma, entre as obras de Corot, de Shakespeare, de Verdi, mais sublime do que todas as outras, uma diante da qual todas as demais parecem rascunhos e notas, uma que definimos como culminante, como cúspide. Num de seus contos, Henry James sustenta que deve existir um tema, um assunto, uma assinatura que atravessa as criações de todo artista como a figura repetida e ao mesmo tempo oculta num tapete. A noção de uma obra "testamentária", que resume o legado do artista, é como a "figura no tapete" de James, só que sem o tapete.

Como nosso conhecimento do mundo é fragmentário, acreditamos que o próprio mundo é fragmentário. Supomos que os pedacinhos e retalhos que encontramos e reunimos (de experiência, de prazer, de pesar, de revelação) existem esplendidamente isolados como cada uma das partículas numa nuvem de poeira de estrelas. Esquecemos essa abarcadora nuvem, esquecemos que lá, no princípio, havia uma estrela. *Dom Quixote* ou *Hamlet* podem ser as obras testamentárias de Cervantes e de Shakespeare, Picasso poderia ter queimado os pincéis depois de *Guernica* e Rembrandt depois de *A ronda noturna*. Mozart poderia ter morrido feliz depois de compor *A flauta mágica* e Verdi depois de *Falstaff*. Mas, nesse caso, algo se perderia. Perderíamos as aproximações, as versões provisórias, as variações, as mudanças de tom e perspectiva, os itinerários tortuosos, os desvios, os jogos de sombras, todo o restante de seu universo criativo. Perderíamos os erros, os natimortos, as imagens censuradas, os recortes, as criações menos inspiradas. Como não somos imortais, devemos nos conformar com um mostruário e, nesse caso, a escolha de obras testamentárias sem dúvida se justifica plenamente. Mas só se lembrarmos que, sob a pompa e a circunstância, há um rumor, um sussurro, um bosque imenso e escuro de folhas caídas ou descartadas.

Homenagem a Enoch Soames

Sempre admirei o sentido místico de Pitágoras e a secreta magia dos números.

Sir Thomas Browne, Religio Medici

Há pouco mais de um ano, em 3 de junho, um grupo de amantes da literatura se reuniu na sala de leitura da Biblioteca Britânica de Londres para receber Enoch Soames, o poeta. Mas ele, o que não foi de todo inesperado, não compareceu. O que motivava a reunião era o seguinte: um século antes, Soames, que só vendera três exemplares de seu livro de poemas *Fungoids*, fizera um pacto com o diabo. Em troca de sua alma ambiciosa, pedia que lhe permitissem visitar a sala de leitura cem anos mais tarde, para ver como a posteridade o havia julgado. Infelizmente para Soames, a posteridade não o julgara de nenhum modo; a posteridade simplesmente o ignorara. Não há nenhum registro de sua obra no volumoso catálogo da biblioteca, e numa história da literatura de seu período a única menção a seu nome era numa nota que o descrevia como um personagem de ficção, inventado pelo

113

humorista inglês Max Beerbohm. Só podemos supor que, para seus leitores do futuro, até seu espírito era invisível. Não é preciso falar mais nada dos frutos da ambição.

A ambição literária assume muitas formas, uma das quais é uma figura furtiva, temida pelos livreiros e conhecida como o Autor Ansioso. Astuciosamente disfarçado de cliente comum, o Autor Ansioso percorre a livraria em busca de seus próprios livros, censurando os vendedores se os livros não constam do estoque, ou reorganizando as estantes para colocá-los num lugar mais destacado. Às vezes, o Autor Ansioso compra um ou dois exemplares, com a convicção enternecedora de que outros seguirão seu exemplo. Talvez motivado por tais superstições, há alguns anos David Vise, jornalista ganhador do prêmio Pulitzer, comprou não apenas um, mas quase 20 mil exemplares de seu novo livro *The Bureau and the Mole*. Talvez esse gesto pareça levar longe demais a ansiedade de um autor, mas Vise não comprou tal quantidade de livros para seu uso pessoal. Extremamente generoso, decidiu compartilhar sua obra com o público em geral, oferecendo exemplares autografados em seu site pessoal na internet. As ações de Vise (complicadas por uma labiríntica estratégia financeira que aproveitava os descontos generosos e a remessa gratuita oferecida pela livraria on-line Barnes and Noble, calculava a possibilidade de grandes lucros e se beneficiava dos preços especiais da livraria para os lançamentos e os títulos de venda rápida) merecem um pouco de atenção.

Embora o livro tenha aparecido na lista de best-sellers do *New York Times* poucos dias antes da compra maciça de Vise, não há dúvida de que os 20 mil exemplares fizeram com que aparecesse em outras listas similares. Quando lhe perguntaram sobre seus motivos, Vise declarou: "Meu objetivo era que mais pessoas se inteirassem da existência de *The Bureau and the Mole*".

Vise não é o primeiro escritor que inventa estratégias para

que seus livros sejam lidos. Ao que parece, a expressão *best-seller* foi cunhada em 1889 no *Kansas Time & Star*, um jornal extinto há muito tempo, mas sem dúvida a ideia já se instalara em nossa mente milhares de anos antes. No primeiro século de nossa era, o poeta Marcial gabava-se de que toda Roma estava enlouquecida por seu livro, embora não saibamos que métodos ele utilizou para fazer com que (segundo suas palavras) "os leitores se alvoroçassem na fila e as livrarias fizessem estoque do livro". Mais recentemente, Walt Whitman promoveu seu *Leaves of Grass* com resenhas entusiasmadas que ele mesmo escrevia. Georges Simenon anunciava seus novos romances policiais datilografando na vitrine de uma grande loja. Por uma soma considerável, Fay Weldon prometeu incluir a marca Bulgari em seu romance mais recente. O jovem Jorge Luis Borges deslizava exemplares de um de seus primeiros livros nos bolsos dos casacos que os jornalistas deixavam pendurados na sala de espera do jornal. Em 1913, D. H. Lawrence escreveu uma carta a Edward Garnett: "Se *Hamlet* e *Édipo* fossem publicados hoje não venderiam mais de cem exemplares, a menos que entrassem em promoção".

De qualquer modo, comparadas com a grande manobra de Vise, essas primeiras estratégias de promoção são escaramuças menores, menos escandalosas que divertidas e mais divertidas que efetivas. Numa época em que os editores já não são pessoas entusiasmadas, dispostas a dar à luz livros, tendo se transformado, antes, em gerentes de empresas dentro de empresas, que têm de prestar contas de seus atos e são obrigados a competir sob o mesmo teto por espaço e lucros, em que os escritores (com raras exceções *à la* Pynchon) já não são seres reclusos e reservados tocados pelas musas, mas personagens amestrados que percorrem o país abrindo espaço em programas de tevê e se fazendo de manequins falantes em exposições; quando tantos livros não são (como Kafka queria) "o machado que racha o mar gelado dentro de nós", mas produtos pré-cozidos e congelados (como *The Bureau and the Mole*), preparados no escritório de um agente para alimentar a lascívia do público, numa época assim, por que deveria surpreender-nos que uma "estratégia criativa de marketing" (como a chama Vise) seja aplicada aos livros?

No passado, alguns escritores tinham um crânio sorridente em sua escrivaninha para lembrá-los de que a única recompensa certa era a tumba. Em nossa época, o *memento mori* de um escritor não é um crânio, mas uma tela iluminada que lhe permite ver, em qualquer umas das muitas listas de best-sellers, que ele também compartilha o destino do pobre Soames, seu nome assiduamente ausente dessas listas de chamada dos eleitos.

Existem, porém, exceções a esse destino comum. Há alguns anos, levado por um senso de caridade, se não de humor, um tal de Jeff Bezos, diretor executivo da Amazon.com Inc., decidiu resgatar todos aqueles escritores tão tristemente esquecidos. Graças a um gesto que só pode ser qualificado de profundamente democrático, as listas de best-sellers da Amazon.com já não estavam limitadas à cifra insignificante dos primeiros vinte nomes, entesourando, em vez disso, 3 milhões de títulos agrupados segundo o nível de vendas — uma quantidade modesta fixada apenas pelo número de títulos guardados na generosa memória da Amazon.com Inc.

Graças a essa nova tecnologia, o *memento mori* de um escritor transformou-se numa espécie de baú das vaidades. Se você publica um livro pode supor, com razão, que ele se encontra entre os 3 milhões oferecidos pela Amazon.com, é só digitar seu título e, *presto!*, você poderá ver a posição exata de sua obra entre a de seus pares. Pense no sorriso sarcástico de satisfação (como o do último passageiro que conseguiu subir no derradeiro bote salva-vidas do *Titanic*) com que o autor número 3 milhões no ranking de livros mais vendidos pode caçoar do anônimo companheiro de sofrimento de Soames, perdido na posição 3 milhões e um, que não aparece na lista.

Leis mais estranhas que as do acaso determinam quais autores entram e quais saem e, desde 1895, quando a primeira lista de best-sellers foi publicada nas páginas do *The Bookman*, livros triunfaram por razões que, ao que parece, nem o diabo consegue entender. Claro que se tudo o que você quer é ver seu nome sob os holofotes, há métodos para proporcionar-lhe essa modesta satisfação. Por exemplo, peça a cada um de seus amigos que comprem numa mesma tarde um exemplar de seu livro, e é provável que seu nome resplandeça por uma hora infinita no ranking da Amazon.com. Mas para aqueles que não estão dispostos a dar tal passo, talvez seja saudável revisar os nomes consagrados nas listas de best-sellers de apenas alguns anos atrás. Salvo raras exceções, quem são essas pessoas? Quem são esses Ozymandias cujos livros, hoje totalmente esquecidos, supostamente venderam centenas de milhares de exemplares, que se contavam entre os abençoados pelos compiladores das listas de best-sellers e depois desapareceram sem deixar rastro?

Mas somos nós, os leitores, e não os performáticos eventuais como Vise e Bezos, que representamos o paradoxo. Quando Sam Goldwin estava negociando com George Bernard Shaw a compra dos direitos de uma das obras do célebre autor, o magnata mostrou-se surpreso diante da soma solicitada. Shaw respondeu: "O problema, mister Goldwin, é que você se interessa pela arte, e eu me interesso pelo dinheiro". Como Goldwin, exigimos que tudo o que fazemos gere benefícios econômicos, mas ao mesmo tempo gostamos de pensar que as atividades intelectuais deveriam estar isentas de tais preocupações materiais; aceitamos que os livros sejam comprados e vendidos e que paguem impostos como qualquer outro produto industrial, mas nos ofendemos quando nossas táticas comerciais obscenas se aplicam à prosa e à poesia; estamos dispostos a admirar os últimos best-sellers e a falar da "longa vida de um livro nas livrarias", mas ficamos desapontados ao descobrir que a maioria dos livros não é mais imortal que um ovo. Apesar dos esforços de Bezos, a saga de Vise é uma história cuja moral foi consagrada há muitos anos pelo escritor Hilaire Belloc: "Quando eu morrer, espero que se possa dizer:/ Seus pecados foram escarlates, mas seus livros foram lidos".

Talvez seja injusto perguntarmos o que significam todas essas contas. As listas são coisas deliciosas em si mesmas, a própria essência da poesia (como W. H. Auden assinalou), e seria mesquinho negar ao autor de *Fungoids* o prazer de se apresentar num jantar dizendo: "Olá, sou o autor número dois milhões novecentos e noventa e nove mil novecentos e noventa e nove na lista de best-sellers! Vendi sete exemplares de meu livro!".

Mas talvez um pouco de vaidade seja um requisito necessário para o empenho literário. "Foram vendidos sete exemplares", reflete o protagonista de *Nightmare Abbey*, de Thomas Love Peacock. "Sete é um número místico, é um bom presságio. Deixem-me encontrar os sete compradores de meus sete exemplares, e eles serão os sete castiçais de ouro com os quais iluminarei o mundo". Nestes tempos em que a avareza é considerada uma virtude, quem se atreveria a se opor a uma ambição tão singularmente modesta?

Por que você está me contando isso?

CRUSOE: *Meu criador era um grande adepto dos livros de memórias.*

POLLY FLINT: *Tão impossíveis, tão falsos. Falar de lembranças.*

CRUSOE: *Ah, não sei. Meu criador tinha facilidade para isso. Foram muito úteis para ele, as memórias.*

POLLY FLINT: *Bobagem — ele inventou tudo. A ficção não é memória.*

CRUSOE: *Mas a memória é ficção.*

Jane Gardam, Crusoe's Daughter

Dos três pronomes singulares, o primeiro é o único que sustenta a autoridade de um texto. Sua presença indica ao leitor a fonte da voz narrativa que se emite da comodidade de uma íntima poltrona ou de uma escrivaninha oficial, das profundezas de um porão infantil ou das alturas de uma tribuna acadêmica. A primeira pessoa do singular pode fazer um sermão, gemer, discursar, rememorar, testemunhar, dizer a verdade (ou pensar que está dizendo a verdade), e pode mentir. Para além da percepção que o leitor possa ter sobre a qualidade da voz narrativa, a primeira pessoa do singular estabelece, no mínimo, a existência na página de um "eu" recortado, no estilo de Giacometti, que diz "esta é a minha história". No Japão do século x, por exemplo, quando escrever na língua oficial da corte, o chinês, era vetado às mulheres, as enclausuradas mulheres da corte começaram a escrever em seu japonês natal os chamados "romances do eu", nos quais falavam de sua angustiada, confinada existência. Esses livros, feitos de uma série de ensaios pessoais sobre temas tão variados quanto a alegria de uma nevasca prematura ou a longa espera por um marido infiel, foram todos escritos em primeira pessoa, para serem lidos por outras mulheres. Embora mais tarde alguns homens tenham escrito diários apócrifos na voz de uma mulher, os acadêmicos não consideravam os "romances do eu" literatura séria, posto que careciam, segundo as palavras de um crítico dos dias atuais, da "objetividade necessária para contar uma história verdadeira".

A diferença entre invenção e verdade objetiva, ficção e não ficção, *belles-lettres* e jornalismo, ensaio e memórias, é sem dúvida útil para a mente do catalogador, mas de pouco serve para o leitor. Supostamente, a ficção inventa uma história; no entanto, poucos duvidam que *Moby Dick*, por exemplo, reflete uma determinada realidade que vai além dos fatos e cifras da vida de marinheiro e da caça à baleia. Supostamente, o jornalismo registra acontecimentos tal e qual eles se deram na realidade e, no entanto, poucos dariam crédito aos informes jornalísticos sobre a vida nos campos de concentração durante o nazismo. "Call me Ishmael" é uma mentira deliberada mas eficaz, que os leitores aprendem a aceitar porque percebem falar de uma verdade profunda. "O governo anuncia que..." pode informar de uma verdade objetiva e em terceira pessoa, porém gera mais dúvidas na maioria dos leitores mais sensatos do que toda uma série de sagas sobre baleias brancas.

Desde seu início, o jornalismo, empenhado em contar "histórias verdadeiras", equiparou a objetividade à omissão da primeira pessoa do singular. A *Acta Diurna*, um jornal publicado em Roma a partir do ano 59 a.c., que era afixado em locais públicos para que os cidadãos tivessem acesso a ele, só informava dos acontecimentos em terceira pessoa. Quando o primeiro jornal inglês, o *Weekly News*, começou a ser publicado, em 1622, também assumiu que esse tipo de anonimato equivalia à imparcialidade, uma suposição que não desapareceu totalmente da imprensa de nossos dias. Mesmo nos anos 1940 considerava-se a assinatura impressa num jornal um emblema de honra entre jornalistas, um gesto que afirmava que o jornalista assim nomeado alcançara uma posição de objetividade irrefutável e que, aos olhos do editor, estava acima de qualquer suspeita de ter opiniões meramente pessoais. E no mundo acadêmico, a omissão da primeira pessoa do singular caminha de mãos dadas com o uso de um vocabulário pedante. Um biólogo marinho que conheci, com receio de que seus colegas o considerassem superficial, evitava dizer que ele mesmo mergulhara no mar para fazer suas pesquisas, e escrevia, por exemplo: "O pesquisador então procedeu a confirmar que as funções vitais do tubarão haviam cessado". Com essa espécie de frase ele supunha estar demonstrando objetividade acadêmica.

Suposições como essa são, obviamente, questionáveis. Em primeiro lugar, a omissão da primeira pessoa numa narrativa é, em grande medida, cosmética. Thoreau, pedindo desculpas ao leitor no prefácio de *Walden*, comentava que "na maioria dos livros o *eu*, ou primeira pessoa, é omitido; neste ele será mantido; isso, no que diz respeito ao egoísmo, é a principal diferença. Comumente nos esquecemos de que, no fim das contas, sempre é a primeira pessoa que está falando". Em segundo lugar, esse recurso, mais do que enfrentar a vaporosa questão da verdade jornalística, esquiva-se dela. Contar um evento tal como ele aconteceu, fazer uma descrição crítica e verdadeira de uma obra de arte é simplesmente impossível — se com "tal como ele aconteceu" e "verdadeira" queremos dizer que o texto resultante irá refletir o acontecimento em todos os seus detalhes e repercutirá de maneira inconfundível o eco da visão do crítico. A natureza da linguagem não permite isso, mas mesmo assim esperamos que, se fingirmos que essa descrição não provém de um *eu* em particular, a linguagem, de algum modo, superará seus defeitos intrínsecos e afirmará vigorosamente "verdades" onímodas e irrefutáveis. Até Daniel Defoe, um dos falsificadores jornalísticos mais hábeis de todos os tempos, que tentou fazer passar as *Aventuras de Robinson Crusoe* como o relato autêntico de um marinheiro náufrago e o *Diário do ano da peste* como um texto realmente escrito durante o ano da peste, manifestou em 1722 um temor que mais tarde ressoaria no coração de muitos editores jornalísticos do futuro: "Fazer uma invenção passar por uma história real é um crime dos mais escandalosos. É um tipo de mentira que cria um grande vazio no coração, através do qual entra, pouco a pouco, o costume de mentir". Defoe, como Thoreau mais de um século depois, não acreditava que a resposta consistisse em renunciar ao "eu" narrativo.

Em todo caso, o que Defoe queria dizer com "invenção"? Que tipo de mentira é essa?

Aos olhos do leitor de jornais — seja de textos críticos, seja de crônicas — o "eu" do narrador transmite uma mensagem dupla e contraditória. Um lado da mensagem proclama que basear um texto em primeira pessoa impede que esse texto alce voo documental, que se transforme numa "verdade objetiva", devido a essa presença egoísta e dominante. Se a primeira pessoa estivesse ausente (dizem seus detratores), os leitores poderiam julgar por si mesmos, sem o incômodo da proximidade pegajosa do narrador, sozinhos num terreno supostamente objetivo. Sem a primeira pessoa, a crítica assume a aparência de fato, não de opinião, e uma obra de arte ou determinado acontecimento se apresentam anônimos num espaço de autoridade assumida.

No entanto, às vezes essa ausência artificial da primeira pessoa dá ao leitor a incômoda impressão de que o escritor — sempre presente, naturalmente, na mente do leitor, mas agora indefinido e incorpóreo — não se dignou a proporcionar coordenadas exatas porque, segundo esse código discreto, um bom leitor deveria supor que o que se diz num texto impresso é válido para todo tempo e lugar. O jornal — somos instados a acreditar — nunca mente. Às vezes, essa ausência é necessária: nos relatos de segunda mão "conforme declarou...", a primeira pessoa do singular deixaria em evidência uma terrível falta de bons modos; em outros casos, o *eu* pode parecer ao leitor meramente autocentrado ou autoindulgente. A editora canadense Barbara Moon citou-me uma frase do *New Yorker*, uma pergunta que, das margens da página, deveria perseguir cada escritor: "Por que você está contando isso para mim, um completo desconhecido?".

O outro lado dessa mensagem argumenta que a primeira pessoa permite aos leitores conhecer seu "querido autor" cara a cara, e ouvir a história de uma fonte excepcionalmente confiável. "E só eu consegui escapar para lhe contar", diz o escritor ao leitor, como cada um dos mensageiros a Jó. O "eu" invoca não apenas um narrador e uma testemunha confiáveis, mas também um lugar e um tempo específicos. Só a divindade onisciente e ubíqua não precisa revelar sua identidade ou posição: "Eu sou O que sou" é a resposta (também em primeira pessoa) que o leitor Moisés recebe. No entanto, para Moisés, o jornalista, esse gesto de arrogância seria inaceitável. O que os jornalistas são quando dizem algo, de onde vêm e quais foram as circunstâncias de sua viagem, tinge seus comentários, dá a eles uma base pessoal, torna "verdadeiros" seus relatos. Posto que esses acontecimentos foram vividos por outro ser humano, o leitor sente: "Eu também posso vivê-los, ao menos na mente. Eles aconteceram com alguém, portanto aconteceram".

Mas como se escreve na primeira pessoa do singular? Comentando o desejo de Voltaire de escrever um autorretrato, de maneira similar à que um artista faria com um pincel ou um lápis, Virginia Woolf ponderou que a primeira coisa que ocorreria a qualquer pessoa seria que não há coisa mais fácil de se fazer. "Outras pessoas podem nos escapar, mas nossos próprios traços são quase familiares demais. Vamos começar", ela escreveu. "E então, quando empreendemos a tarefa, a caneta cai de nossa mão; esse tema é profundamente difícil, misterioso e assustador."

Escrevendo em terceira pessoa, um jornalista não precisa, aparentemente, justificar um ponto de vista. Como se avançasse através de um grande espaço público, o anonimato de ser parte de uma multidão de terceiras pessoas exime o jornalista de qualquer responsabilidade individual; os fatos dados assumem toda a responsabilidade por si mesmos. Na primeira pessoa, entretanto, um jornalista se parece com um convidado incômodo numa festa particular cujos anfitriões lhe são totalmente desconhecidos. O convidado precisa explicar quem é e por que está ali, e contar uma história interessante enquanto se assegura, ao mesmo tempo, de que todos os presentes entendam por que vale a pena contá-la. Quando passa de sala em sala, pergunta-se, ansioso: que detalhes poderia dar sobre si mesmo? Até que ponto vai a confiança? Qual é o tom correto em que deve se dirigir aos presentes, um tom delicado como uma convenção da era eduardiana, mantendo um precário equilíbrio entre a sinceridade e o descaramento? Como evitar que sua anfitriã o examine com um olhar frio, ou que fique boquiaberta e incomodada pela excessiva desenvoltura de uma lembrança, ou que fique desgostosa com seu inadvertido pedantismo? E então, quando está prestes a entrar na última sala, onde estão reunidos os convidados mais interessantes, esperando que ele se apresente, e aperta o passo, finalmente seguro de si, lembrando-se de uma piada oportuna, e acreditando que seus anfitriões ficarão encantados com sua sabedoria e seu engenho, ele levanta a cabeça e lê, gravada para toda a eternidade sobre a porta, a pergunta de Barbara Moon: "Por que você está contando isso para mim, um completo desconhecido?".

De fato, por quê? Escrever memórias, escrever um ensaio no qual a primeira pessoa é um personagem que fala a partir de seu ponto de vista, é um exercício de vaidade, mas vaidade da melhor espécie, na qual o escritor se exibe para ser examinado pelo leitor; uma exibição guiada, já que o escritor escolhe cuidadosamente não só que episódios de sua vida real irá revelar, e em que ordem, de maneira a levar o leitor (em alguns casos) a uma conclusão cuidadosamente planejada. É um exercício de crítica analítica, pois o escritor oferece ao leitor pistas sobre a identidade da voz crítica, matizando seu julgamento com circunstâncias e a opinião com perspectivas. É um exercício de testemunho, que coloca o escritor na tribuna para declarar o que viu, não com fins estatísticos ou de mero registro, e sim para dar rosto humano a um incidente que de outro modo se perderia no tempo e no espaço. Por fim, escrever em primeira pessoa é também um exercício de comparação: o eu, supõe o escritor, é um espelho de nós todos; o que acontece comigo irá ressoar em alguma parte da experiência do leitor, que é parte da experiência do mundo e, através dessa cadeia de revelações pessoais, enriquecerá cada um de nós.

Falsificações

> *A história era incrível, com efeito, mas se impôs a todos, porque substancialmente era verdadeira. Verdadeiro era o tom de Emma Zunz, verdadeiro o pudor, verdadeiro o ódio. Igualmente verdadeiro era o ultraje que sofrera. Só eram falsas as circunstâncias, a hora e um ou dois nomes próprios.*
>
> Jorge Luis Borges, *"Emma Zunz"*

Em 29 de outubro de 1932, o jornal *Crítica*, de Buenos Aires, estampou o seguinte anúncio, escrito no estilo abominável a que seus leitores estavam acostumados:

> *Crítica* publicará o mais apaixonante romance policial. Seu argumento se baseia em fatos ocorridos em Buenos Aires. De um episódio da realidade que comoveu profundamente, em certa época, o público portenho, o autor fez um emocionante relato no qual o mistério vai se adensando mais e mais a cada página de *El enigma de la calle Arcos*. Quem matou a esposa do enxadrista Galván? Ou se tratou de uma estranha forma de suicídio? Como o criminoso

126

desapareceu depois de consumado o ato? Como o criminoso fez para sair do quarto da vítima sem violar uma única fechadura? A peregrinação de um cofre de jóias. A partir de amanhã, domingo, em todas as edições.*

O sucesso do folhetim, que aparecia assinado com o impossível nome de Sauli Lostal, fez com que ele fosse publicado em formato de livro um ano mais tarde. Em 4 de novembro de 1933, um anúncio no mesmo jornal informava que *El enigma de la calle Arcos* já estava à venda: "O primeiro grande romance policial argentino. Afasta-se completamente dos velhos moldes de seu gênero, truculentos e inverossímeis. Repleto de emotividade e realismo, de nervosismo e de interesse, é um verdadeiro acerto. Um alentado volume com ilustrações. Só 95 centavos de dólar". O livro, publicado pela editora Am-Bass, tinha 245 páginas. As ilustrações eram de Pedro Rojas, cujo estilo, a julgar pela capa, correspondia ao da escrita.

Qualquer parágrafo do romance em questão, extraído ao acaso, serve para dar uma ideia de seu estilo atroz. Por exemplo:

Momentos depois na sala contígua ao escritório de polícia, Óscar Lara e Suárez Lerma — este ainda saboreando alguns mates — estavam conversando sobre o motivo que levara até ali, numa noite tão instável, o cronista. O auxiliar não demorou a fornecer-lhe os dados que o outro ia anotando com especial cuidado. Acabavam de concluir essa tarefa quando se ouviu o tilintar da campainha do telefone. O auxiliar Lara se aproximou do aparelho, apanhou o receptor, e o aplicou ao ouvido e entre o funcionário policial e a pes-

---

* *Crítica*, 29 de outubro de 1932. Citado na introdução de Sylvia Saítta para Sauli Lostal, *El enigma de la calle Arcos* (reimpressão), Buenos Aires, Ediciones Simurg, 1977.

soa que havia ligado iniciou-se o seguinte diálogo, mais tarde reconstruído pelos próprios interlocutores.*

Trinta anos depois do lançamento do romance, o crítico Enrique Anderson Imbert publicou na revista *Filología* um artigo intitulado "Nueva contribución al estudio de las fuentes de Borges".** Nesse artigo, Anderson Imbert sugeria que Borges utilizara *El enigma de la calle Arcos* como modelo para seu "El acercamiento a Almotásim", uma ficção que finge ser a resenha de um romance policial homônimo, escrito pelo advogado indiano Mir Bahadur Ali. Segundo Borges, o original ilustrado fora publicado em Bombaim em 1932 e reimpresso por Victor Gollancz em Londres dois anos mais tarde, com uma introdução de Dorothy L. Sayers e a omissão ("talvez misericordiosa", assinala Borges) das ilustrações.

"El acercamiento a Almotásim" apareceu pela primeira vez não em uma publicação periódica (como a maioria dos textos de Borges), mas numa coleção de ensaios, *Historia de la eternidad* (Buenos Aires, Viau y Zona, 1936). O fato de ter sido publicado num volume de ensaios e dentro do apêndice que levava o sóbrio título de "Duas notas" (a segunda "nota" era um ensaio sobre "a arte de injuriar") sugeriu a seus primeiros leitores que o senhor Mir Bahadur Ali era uma pessoa de carne e osso, e que seu livro (sob o respeitável selo editorial de Gollancz) podia ser adquirido. Intrigado com a resenha entusiasta de Borges, Adolfo Bioy Casares encomendou um exemplar em Londres. Não o conseguiu.

O texto de Borges sofreria pelo menos mais duas encarna-

---

* Sauli Lostal, *El enigma de la calle Arcos* (reimpressão), Buenos Aires, Ediciones Simurg, 1977, p. 4.

** Enrique Anderson Imbert, "Nueva contribución al estudio de las fuentes de Borges", *Filología*, ano VIII, nº 1-2, 1962.

ções. Em 1941, incluiu "El acercamiento a Almotásim", desta vez obviamente como ficção, em *El jardín de senderos que se bifurcan*. Três anos depois transformou a totalidade de *El jardín* na primeira parte daquele que talvez seja seu livro mais famoso, *Ficciones*; a segunda tinha por nome *Artifícios* e compreendia uma meia dúzia de novos relatos. Para complicar ainda mais as coisas, em algumas edições recentes dos livros de Borges (a da Alianza Editorial, por exemplo), "El acercamiento a Almotásim" foi suprimido de *Ficciones* e devolvido a seu lugar em *Historia de la eternidad*.

Em 13 de julho de 1997, num artigo publicado na seção cultural do jornal *La Nación*, de Buenos Aires, Juan Jacobo Bajarlía, tentando superar as conjecturas de Anderson Imbert, sugeriu que Borges não apenas conhecia *El enigma de la calle Arcos*, mas que ele próprio o havia escrito. Segundo Bajarlía, Ulises Petit de Murat (que fora amigo de Borges em sua juventude) revelara-lhe confidencialmente que o autor de *Ficciones* era também o autor daquele esquecido romance policial, escrito, segundo afirmou Murat a Bajarlía, "ao correr da máquina. Borges lhe dedicava um par de horas por dia".[*]

Um mês mais tarde, o romancista Fernando Sorrentino publicou, também em *La Nación*, uma resposta a Bajarlía.[**] De maneira cortês, mas implacável e definitiva, Sorrentino demonstra a impossibilidade da autoria atribuída a Borges. Oferecendo razões materiais, mecânicas, éticas e estilísticas, Sorrentino demole os argumentos de Bajarlía. Em primeiro lugar, Borges nunca soube datilografar. Em segundo, Borges nunca escreveu um ro-

---

[*] Juan Jacobo Bajarlía, "La enigmática novela de Borges", *La Nación*, Buenos Aires, 13 de julho de 1977.
[**] Fernando Sorrentino, "La novela que Borges jamás escribió", *La Nación*, Buenos Aires, 17 de agosto de 1977.

mance, gênero que ele sempre descartou, ao menos até onde iam seus próprios talentos. ("Imaginar o argumento de um romance é divertido", disse certa vez; "Escrevê-lo de fato é um exagero."). Em terceiro (e talvez este seja o argumento mais forte de Sorrentino), o estilo floreado do romance e a utilização infame do idioma castelhano estão tão distantes da prosa cuidadosa de Borges (tanto da intrincada voz de seu período barroco quanto do estilo mais austero dos anos posteriores), que é impossível imaginar ser o mesmo homem capaz de ambas as empresas. "Acredito que ninguém pode escrever totalmente num estilo alheio", e o argumento de Sorrentino é razoável. "Mesmo quem se propuser a fazer a paródia mais descarada termina, mais cedo ou mais tarde, por revelar seu estilo entre os parágrafos que vai elaborando." E nos lembra de que mesmo nas raras ocasiões em que Borges introduz uma voz alheia em sua escritura (como quando atribui um poema atroz a seu rival no conto "El aleph"), sua inteligência, seu humor e seu vocabulário sutil brilham através dos execráveis versos. Para Sorrentino, o disfarce literário perfeito não existe.

Poderíamos acrescentar, ainda, que Borges tinha um ouvido muito aguçado para a feiura na prosa e caçoava dela impiedosamente. Graças a sua memória prodigiosa, ele podia recitar longos trechos de versos horríveis de escritores famosos ou não muito conhecidos, e parodiava seus estilos (como aponta Sorrentino) em muitos de seus escritos. Um conto cômico, escrito com Bioy Casares, "El testigo",* no qual os dois autores parodiam o pior da fala argentina, tem, como epígrafe, a referência "Isaías VI, 5", sem detalhar seu conteúdo. Quem for procurá-lo, verá que as pala-

---

* H. Bustos Domecq [pseudônimo de Borges e Bioy Casares], "El testigo", in *Dos fantasías memorables*, Buenos Aires, Oportet y Haereses [editora apócrifa], 1946.

vras de Isaías são estas: "Então eu disse: Ai de mim! Pois estou perdido; porque sou um homem de lábios impuros, e vivo no meio de um povo de lábios impuros". Essa consciência literária não aparece em *El enigma de la calle Arcos*.

Sorrentino termina sua argumentação com um dado devastador para a teoria de Bajarlía: a identidade que se oculta atrás do pseudônimo "Sauli Lostal". Em 27 de fevereiro de 1977, um tal de Tomás E. Giordano mandou uma carta ao jornal *Clarín* na qual afirmava que, depois de ver o anúncio de uma nova edição de *El enigma de la calle Arcos*, cujo autor "continua sem ter sua identidade conhecida", sentiu-se obrigado a desvendar o mistério. Segundo Giordano, Sauli Lostal era o anagrama de Luis Stallo, cavalheiro com quem seu pai estabelecera uma efêmera relação comercial, e que não era um homem de letras, mas sim um empresário italiano, dono de uma cultura considerável, que se fixara na Argentina depois de percorrer o mundo. "Seu espírito inquieto", escreveu Giordano,

apoiado numa indeclinável dedicação à leitura, induziu-o a participar em 1933 de um concurso promovido pelo vespertino popular da época, *Crítica*, que propunha a seus leitores encontrar um desenlace mais engenhoso para *Le mystère de la chambre jaune*, de Gaston Leroux, posto que, segundo a opinião do jornal, o final do romance decepcionava um pouco.

O resultado foi *El enigma de la calle Arcos*. Uma pesquisa nas listas telefônicas de Buenos Aires correspondentes aos anos 1928, 1930, 1931 e 1932 revelou a existência de um tal de Luis A. Stallo, que viveu na cidade durante esse período. Apesar desses fatos incontroversos, ainda persiste a atribuição a Borges de *El enigma de la calle Arcos*. Mesmo a impecável *Bibliografía completa* de Borges, publicada em 1977 pelo Fondo de Cultura Económica, mantém essa atribuição em suas edições posteriores.*

El enigma de la calle Arcos é o mais famoso, mas sem dúvida não o único execrável, dos textos atribuídos a Borges. Em 1984, a prestigiosa revista *Nuovi Argumenti*, editada por Alberto Moravia, Leonardo Sciascia e Enzo Siciliano (três dos nomes mais destacados da cena literária italiana), publicou um conto, "El misterio de la cruz", atribuído a Borges. O comentário que acompanhava o conto afirmava ter sido escrito em 1934 e traduzido pelo soberbo escritor e tradutor Franco Lucentini, e que o próprio Borges, bem como um de seus editores italianos, Franco Maria Ricci, tinha autorizado a publicação. Numa carta aberta ao jornal *La Stampa*, de Turim, Lucentini negou ter traduzido esse conto, que, segundo afirmava, não só não se parecia com nada de Borges, como parecia "escrito por um semianalfabeto".**

Em 1989, a revista mexicana *Plural*, fundada por Octavio Paz, publicou um poema intitulado "Instantes", supostamente escrito por Borges no ano de sua morte.*** Estava precedido por um meloso comentário de um tal Mauricio Ciechanower, que dizia estar a obra "prenhe de um poder de síntese magistral". O poema é uma meditação idiota e sentimentaloide. Diz:

Se eu pudesse viver minha vida novamente,
na próxima trataria de cometer menos erros.
Não tentaria ser tão perfeito, relaxaria mais.
Seria mais tolo do que tenho sido, na verdade
levaria muito poucas coisas a sério.

---

* Nicolás Heft, Jorge Luis Borges: *Bibliografía completa* (inclui um CD-ROM), Fondo de Cultura Económica, Buenos Aires, 1977.

** "Falso cuento de Borges", *La Prensa*, Buenos Aires, 26 de fevereiro de 1989.

*** Mauricio Ciechanower, "Un poema a pocos pasos de la muerte", Plural 212, México, DF, maio de 1989.

Seria menos higiênico.

Correria mais riscos, faria mais viagens, contemplaria
mais entardeceres, subiria mais montanhas, nadaria mais rios.

Iria a lugares aonde nunca fui, tomaria
mais sorvete, comeria menos feijão, teria mais problemas
reais do que imaginários.

Eu fui uma dessas pessoas que viveram sensata e prolificamente
cada minuto de sua vida; claro que tive momentos de alegria.
Mas se pudesse voltar atrás trataria de ter
somente bons momentos.

Caso não saibam, é disso que é feita a vida, só de momentos;
não perca o agora.

Eu era um desses que nunca iam a parte alguma sem termômetro,
uma bolsa de água quente, um guarda-chuva e um paraquedas.

Se pudesse voltar a viver, viajaria mais leve.

Se pudesse voltar a viver começaria a andar descalço no começo
da primavera e continuaria assim até o final do outono.

Daria mais voltas no carrossel, contemplaria mais amanheceres
e brincaria com mais crianças, se tivesse outra vez a vida pela frente.

Mas já tenho oitenta e cinco anos e sei que estou morrendo.

Três anos mais tarde foi publicada no *Queen's Quarterly*[*]
uma nova tradução desses versos, feita por Alastair Reed, que anteriormente fizera traduções excelentes de várias obras de Borges. Ninguém fez objeção alguma.

Depois, em 9 de maio de 1999, o crítico Francisco Peregil
revelou a seguinte informação no jornal *El País*, de Madri: "O
verdadeiro autor do apócrifo é uma desconhecida poetisa norte-
-americana chamada Nadine Stair, que o publicou em 1978, oito

---

[*] Jorge Luis Borges, "Moments", traduzido por Alastair Reed, *Queen's Quarter-*
ly 99:3, outono de 1992.

133

anos antes da morte de Borges em Genebra, aos 86 anos".* O texto (em forma de prosa poética melosa) apareceu na publicação *Family Circus*, de Louisville, Kentucky, em 27 de março de 1978, e reapareceu desde então em várias versões diferentes e em todo tipo de suporte, do *Reader's Digest* a camisetas impressas.

Não há dúvida de que desde os primórdios da literatura atribuiu-se toda classe de escritos a autores famosos por razões muito diversas: como uma tentativa honesta de estabelecer a paternidade de um texto, como uma tentativa desonesta de outorgar-lhe prestígio, como um recurso malicioso para dar fama ao responsável por essa atribuição. O próprio Borges, num de seus relatos mais célebres, "Pierre Menard, autor do *Quixote*", acrescenta (ironicamente, claro) uma nova possibilidade a essa lista de intenções: brindar ao texto uma nova vida, ou seja, uma leitura renovada, situando-o num contexto diferente e inesperado: "Atribuir a Louis Ferdinand Céline ou a James Joyce a *Imitação de Cristo*", pergunta Borges no final desse relato, "não é uma renovação suficiente desses tênues avisos espirituais?".**

Não tenho certeza de que era isso que tinham em mente aqueles que decidiram atribuir falsamente a Borges *El enigma de la calle Arcos* ou o poema de Nadine Stair. Em todo caso, fossem quais fossem as intenções de seus acusadores, é conveniente explorar a sugestão de Borges, pois ela pode dar ao conceito de "falsificação" uma conotação positiva que geralmente lhe negamos.

Na noite de Natal de 1938, Borges saiu de casa para encontrar sua amiga Emma Risso Platero. Ele a convidara para jantar e levava um presente, certamente um livro. Como o elevador não

---

* Francisco Peregil, "El poema que Borges nunca escribió", *El País*, Madri, 9 de maio de 1999.
** Jorge Luis Borges, "Pierre Menard, autor del *Quijote*", in *Sur* 9:56, Buenos Aires, setembro de 1939. Incluído em *Ficciones*, Sur, Buenos Aires, 1944.

estava funcionando, subiu as escadas correndo, sem perceber que uma das janelas, recém-pintada, estava aberta. Sentiu que alguma coisa lhe arranhava a testa, mas não parou para investigar. Quando Emma abriu a porta, Borges percebeu, por seu olhar horrorizado, que algo estranho estava acontecendo. Tocou a testa: estava coberta de sangue. Apesar dos primeiros socorros que recebeu, o ferimento infeccionou e durante uma semana ele ficou prostrado na cama, tendo alucinações e febre alta. Certa noite, descobriu que não conseguia falar; levaram-no imediatamente ao hospital para uma cirurgia de emergência, mas ele já desenvolvera septicemia. Durante um mês, os médicos pensaram que iria morrer. Em sua autobiografia, ditada em inglês, o próprio Borges descreveu esses acontecimentos, que mais tarde foram a base do conto "El Sur". "Quando comecei a me recuperar", escreveu ele,

receava ter perdido a razão. Lembro que minha mãe queria ler-me um livro que havia encomendado, *Out of the Silent Planet*, de C. S. Lewis, mas durante duas ou três noites fui adiando a leitura. Finalmente a vontade prevaleceu, e depois de ouvir uma ou duas páginas comecei a chorar. Minha mãe me perguntou o que significavam essas lágrimas. "Choro porque entendo", disse. Um pouco mais tarde, perguntei-me se poderia voltar a escrever. Escrevera anteriormente uns poucos poemas e uma dúzia de resenhas breves. Pensei que se tentasse escrever uma resenha e fracassasse, estaria acabado intelectualmente, mas se tentasse algo que na realidade nunca fizera antes e fracassasse, não seria tão grave e até poderia me preparar para a revelação definitiva. Decidi que escreveria um conto. O resultado foi "Pierre Menard, autor del *Quijote*".*

---

* Jorge Luis Borges, "An Autobiographical Essay", in *The Aleph and Other Stories* 1933-1969, E. P. Dutton, Nova York, 1970.

"Pierre Menard, autor del *Quijote*" foi publicado no número de setembro de 1939 da revista *Sur*. Esse relato, escrito como uma memória, numa espécie de homenagem a Pierre Menard, descreve a tentativa do apócrifo Menard de escrever o *Quixote* novamente: não de copiá-lo, não de fazer uma imitação. "Sua admirável ambição", escreve Borges, "era produzir algumas páginas que coincidissem (palavra por palavra e linha por linha) com as de Miguel de Cervantes." O conto teve um sucesso notável. Um escritor amigo seu parabenizou-o, mas comentou também que seu esforço era um pouco inútil, posto que qualquer leitor culto já conhecia todos esses dados sobre Menard.

A estratégia de Borges tinha dois gumes. Por um lado, sugere (de brincadeira, sem dúvida) que a autoria é algo casual e fortuito e que, no lugar e no momento certos, qualquer escritor poderia ser o autor de qualquer texto. Na epígrafe de seu primeiro livro de poemas, *Fervor de Buenos Aires*, publicado quando ainda não completara 24 anos, já se anuncia: "Se as páginas deste livro consentem algum verso feliz, perdoe-me o leitor a descortesia de tê-lo usurpado eu, previamente. Nossos nadas pouco diferem; é trivial e fortuita a circunstância de que sejas tu o leitor destes exercícios, e eu seu redator".*

Por outro lado, Borges sugere que é o leitor quem determina a natureza de um texto por meio de, entre outras coisas, sua atribuição. O mesmo texto lido como obra de certo escritor muda se é lido como obra de outro. O *Quixote* escrito por Cervantes (um acadêmico culto do século XVII) não é o mesmo que o *Quixote* escrito por Menard (contemporâneo de Wiliam James). *El enigma de la calle Arcos* atribuído a Sauli Lostal não é *El enigma de la calle Arcos* atribuído a Borges. Nenhum livro é inteiramente ino-

---

* Jorge Luis Borges, *Fervor de Buenos Aires*, edição do autor, Buenos Aires, 1923.

136

cente de conotações, e cada leitor lê, além das palavras vertidas na página, as camadas contextuais intermináveis que acompanham sua existência. Desse ponto de vista, não existem "falsificações", apenas livros diferentes que, casualmente, compartilham um texto idêntico.

Os próprios escritos de Borges estão repletos desse tipo de falsificações redentoras. Entre elas, encontramos:

- Escritores como os já mencionados Mir Bahadur Ali e Pierre Menard, e outros como o excêntrico inglês Herbert Quain, autor de infinitas variações ficcionais de um "romance-Ur".

- Versões adulteradas de fontes acadêmicas, como nas "traduções" compiladas em diversos volumes sob o nome de Borges. Neste ponto seria útil notar que as primeiras incursões de Borges na ficção foram imitações das *Vidas imaginárias* de Schwob.* Borges selecionou breves biografias que escreveu para a *Revista Multicolor de los Sábados* a partir de 1933, e que dois anos mais tarde reuniu sob o título de *Historia universal de la infamia*. Nesses breves escritos, as fontes e citações utilizadas por Borges foram alteradas por ele por meio da interpretação e da tradução.

Quando o inqualificável Andrew Hurley traduziu *A Universal History of Infamy* na abominável edição da Viking de 1998, tentou "restaurar" os textos com resultados ridículos. "Utilizei o inglês da fonte original", explicou Hurley. "De modo que os gângsteres nova-iorquinos de 'Monk Eastman'" (um dos relatos) "falam como Ashbury os cita, não como se eu tivesse traduzido para o inglês o castelhano de Borges no sentido usual do termo;

---

* Marcel Schwob, *Vies imaginaires* (1896). Borges selecionou o livro de Schwob dentre uma série de cem volumes; todos eles deveriam ter uma introdução dele. As introduções foram escritas, mas apenas um punhado delas foi publicado antes de sua morte. As introduções coligidas tinham por título *Biblioteca personal* (Madri, Alianza, 1988).

voltar a traduzir a tradução de Borges não parecia fazer muito sentido." Com essas palavras, Hurley confessava sua inaptidão. É claro que ignorava que Borges denominou esses relatos de "exercícios de prosa narrativa".

- Livros imaginários comentados em detalhes (por exemplo, em diversas fontes citadas em seus relatos e ensaios) ou dos quais extraía citações (a inesquecível enciclopédia chinesa que, imperturbável, divide os animais em

a) pertencentes ao Imperador, b) embalsamados, c) amestrados, d) leitões, e) sereias, f) fabulosos, g) cães soltos, h) incluídos na presente classificação, i) que se agitam como loucos, j) inumeráveis, k) desenhados com um pincel finíssimo de pelo de camelo, l) etcétera, m) que acabam de quebrar o vaso, n) que de longe parecem moscas).

E, naturalmente, as criações míticas falsas como o universo paralelo de Tlön Uqbar, Orbius Tertius e a biblioteca de Babel.

E no entanto nenhuma dessas ficções é gratuita: são todas invenções necessárias, que preenchem os vazios que a história da literatura deixou de preencher. A citação da enciclopédia chinesa deu a Michel Foucault o ponto de partida de *As palavras e as coisas*. "A biblioteca de Babel" (e o próprio Borges, sob o nome de Juan de Burgos) teve de existir antes que Umberto Eco pudesse escrever *O nome da rosa*. Herbert Quain é o precedente necessário para OULIPO. Menard é a conexão óbvia entre Laurence Sterne e James Joyce, e não é culpa de Borges que a França tenha se esquecido de fazê-lo nascer. Deveríamos agradecer a Borges por remediar semelhantes descuidos.

No universo de Borges a falsificação não é, pois, um pecado contra a criação. Ao contrário, está implícita no próprio ato da criação e, seja ela reconhecida abertamente ou ocultada com habilidade, tem lugar toda vez que se exige a suspensão da incredulidade. A frase "No início era o Verbo" nos pede que acreditemos não só que "o Verbo estava com Deus", mas que "o Verbo era Deus", que o *Quixote* não é somente as palavras lidas por Menard, mas que este é também seu autor.

A vida, que tantas vezes nos proporciona representações falsas, forneceu a Borges o simulacro perfeito de um recurso próprio da ficção borgiana, no qual o leitor (ou, nesse caso, o ouvinte) confere a determinado texto a requerida perfeição de uma resposta abrangente.

Em abril de 1976 teve lugar em Washington a segunda convenção de especialistas em Shakespeare. O momento mais importante da programação seria uma conferência de Jorge Luis Borges intitulada "The riddle of Shakespeare" ("O enigma de Shakespeare"), e milhares de eruditos lutaram como *groupies* num concerto de *rock* pelo privilégio de ocupar um dos assentos na sala principal do hotel Hilton. Entre os presentes encontrava-se o diretor de teatro Jan Kott, que, como os demais, esforçou-se para conseguir um assento de onde pudesse ouvir o mestre revelar a resposta ao enigma. Dois homens ajudaram Borges a subir na tribuna e o situaram diante do microfone. Kott descreve a cena:*

> Todos os presentes se levantaram, numa ovação que durou vários minutos. Borges não se moveu. Por fim, os aplausos terminaram. Borges começou a mover os lábios. Dos alto-falantes saía apenas um vago zumbido. Nesse monótono zumbido mal se podia distinguir, com muitíssimo esforço, uma única palavra, que voltava uma e outra vez como o grito repetido de um barco distante, sufocado pelo rumor do mar: "Shakespeare, Shakespeare, Shakespeare...".

---

* Jan Kott, "Shakespeare's Riddle", in *The Essence of Theatre*, Methuen & Co., Londres, 1984.

"O microfone estava alto demais. Mas ninguém na sala se animava a aproximar o microfone do escritor cego e ancião. Borges falou durante uma hora, e durante uma hora só essa palavra repetida, 'Shakespeare', chegava aos ouvintes. No decorrer dessa hora ninguém se levantou nem deixou a sala. Depois que Borges terminou de falar, todos se levantaram e lhe brindaram uma ovação que pareceu interminável", relata, assombrado, Jan Kott. Sem dúvida, tanto ele quanto os outros ouvintes fizeram sua própria leitura do inaudível texto e ouviram nessa palavra repetida — "Shakespeare, Shakespeare, Shakespeare..." — a resposta para o enigma.

Talvez não houvesse mais nada a dizer. Com a ajuda de uma tecnologia defeituosa, o mestre falsificador alcançara seu objetivo. Transformara seu próprio texto numa retumbante falsificação, composta de uma audiência repleta de Pierres Menards.

IV.

ALGUNS ESCRITORES

"Gosto deles quando conseguem conversar", disse Alice [...]
"Tenho medo deles — pelo menos dos maiores. Mas posso lhe
dizer os nomes de alguns."

Alice através do espelho, *capítulo III*

A biblioteca do Capitão Nemo:
Júlio Verne

*Eu!, eu que pensei ser um mago ou um anjo, livre de toda
moral...*

Arthur Rimbaud, "Adieu"

Seguro de si, com olhos negros que conseguem abarcar uma
quarta parte do horizonte, frio, pálido, enérgico, valente, orgulhoso, com idade entre os 35 e os cinquenta anos, alto, a testa
ampla, o nariz reto, a boca bem desenhada, os dentes magníficos
e as mãos finas e longas, dignas de uma alma nobre e apaixonada:
é assim que o Capitão Nemo se apresenta diante do atônito professor Aronnax nas entranhas do submarino *Nautilus*. O editor
Hetzel reconheceu em Nemo um autorretrato de seu autor e con-
venceu o ilustrador Edouard Riou a utilizar Júlio Verne como
modelo para o livro.

Nemo é um batalhador, um inconformado, um idealista (no
sentido que dava a esse termo, hoje pejorativo, o século xix). Nemo é também um leitor. Depois de um jantar curioso, no qual
todas as iguarias se revelam produtos marinhos habilmente dis-

farçados, Nemo convida seu hóspede forçado a visitar seu reino aquático. A primeira sala a que o conduz é uma biblioteca. "Altos móveis de palissandra negra, com incrustações de cobre, abrigavam em suas extensas prateleiras um grande número de livros uniformemente encadernados. Seguiam o contorno da sala e rematavam, em sua parte inferior, em amplos divãs forrados de couro marrom, que ofereciam curvas confortáveis. Leves atris móveis, que podiam ser aproximados ou retirados à vontade, permitiam que ali se pousasse o livro escolhido. No centro da sala, levantava-se uma grande mesa coberta de panfletos, entre os quais se divisavam alguns jornais já velhos." O professor Aronnax expressa sua admiração diante de tal coleção que seguiu seu leitor "até as maiores profundezas do mar" e que "honraria mais de um palácio em terra firme". Mas o Capitão Nemo não admite que sua biblioteca tenha nada de extraordinário. "Onde encontraria mais solidão, mais silêncio, senhor professor?", pergunta. Para Nemo (para nós), solidão e silêncio são os atributos essenciais de toda biblioteca autêntica.

A biblioteca do Capitão Nemo contém 12 mil livros de ciências, de moral, de literatura, escritos numa infinidade de línguas. Três características particulares a definem: em primeiro lugar, não há livros de economia política, posto que nenhuma teoria nesse campo satisfaz seu exigente leitor; em segundo lugar, a classificação dos livros é arbitrária, misturando temas e idiomas sem nenhuma ordem lógica, como se o Capitão lesse aquilo que sua mão encontra por obra do acaso; em terceiro lugar, não há livros novos nas estantes. Esses 12 mil livros "são os únicos vínculos que me unem à terra", confessa o Capitão. "O mundo acabou para mim no dia em que meu *Nautilus* submergiu pela primeira vez nas águas. Naquele dia, comprei meus últimos volumes, meus últimos panfletos, meus últimos diários e, desde então, prefiro pensar que a humanidade não pensou nem escreveu

144

mais". Reconhecendo nas estantes um livro de Joseph Bertrand, *Les Foundateurs de l'astronomie*, publicado em 1865, o professor Aronnax compreende que a vida submarina do Capitão Nemo remonta a apenas três anos. Estamos em 1868, dois anos antes da publicação do romance de Verne.

O que a humanidade pensou e escreveu até essa data é, segundo nos conta o professor Aronnax, "tudo o que o homem produziu de mais belo em matéria de história, poesia, romance e ciência, de Homero a Victor Hugo, de Xenofonte a Michelet, de Rabelais a Madame Sand". Mas aquela biblioteca possui, sobretudo, livros científicos: obras de mecânica, balística, hidrografia, meteorologia, geografia, geologia, ciências naturais, incluindo magicamente as obras do próprio Aronnax que o Capitão Nemo leu e admirou. A estes, devemos acrescentar "um livro encantador de Jean Macé", *Les Serviteurs de l'estomac* [*Os servidores do estômago*], curioso volume que o próprio Aronnax lê, encantado, e um maço de papéis amarelados, guardado numa caixa de ferro gravada com as armas da França e carcomida pelas águas salinas: as instruções do ministro da Marinha francesa, anotadas pela mão de Luís xvi e dirigidas ao comandante La Pérouse, perdido no oceano em 1788.

Se Nemo foi criado à imagem de seu autor, sua biblioteca é o reflexo subaquático do que Verne possuía em sua casa de Amiens. Em fevereiro de 1895, a escritora inglesa Marie A. Belloc (que depois se tornaria famosa com um romance sobre Jack, o Estripador) publicou na revista *The Strand*, de Londres, uma entrevista com o autor de *Vinte mil léguas submarinas*, na qual descreve a biblioteca da *rue* Charles Dubois, número 2: "Pelo quarto se entra num aposento espaçoso, a biblioteca de Júlio Verne. As paredes estão cobertas de prateleiras e no meio do quarto uma mesa comprida range sob o peso de jornais, revistas e publicações científicas, além de muitos semanários de literatura inglesa e francesa. Um bom número de fichas de papelão contêm mais de 20 mil notas acumuladas pelo escritor durante sua longa vida... Sua biblioteca é de trabalho, não de ostentação, e os exemplares rafados de seus pares intelectuais como Homero, Virgílio, Montaigne e Shakespeare, além de edições das obras de Fenimore Cooper, Dickens e Scott, acusam um uso árduo e constante". Como na biblioteca do *Nautilus*, na *rue* Charles Dubois primam as obras científicas.

Se toda biblioteca é autobiográfica, a do Capitão Nemo (bem como a de Verne) revela o caráter secreto de seu leitor. O mundo da superfície, da turbulenta sociedade humana, deixa-no apavorado. Prefere a reclusão. Acredita na invenção, na imaginação, no espírito de curiosidade do ser humano. Abomina seus abusos, seu despotismo, sua crueldade movida por cobiça. Importa-lhe, sobretudo, a liberdade, mas não qualquer liberdade. Não seria estranho que, entre os volumes da biblioteca do *Nautilus* se encontrasse *La Solution du problème social*, de Pierre-Joseph Proudhon, obra que Verne conhecia bem. "Não se trata da liberdade subordinada à ordem, como na monarquia constitucional, nem da liberdade representando uma ordem", escreveu Proudhon com ímpeto alegórico. "É a liberdade recíproca e não a liberdade ilimitada. A liberdade não é filha, mas mãe da ordem." Proudhon batizou essa liberdade engendradora de "anarquia positiva". Essa é a fé de Nemo (e também a de Verne), só que Nemo não se contenta com a proposta anárquica de Proudhon. Nemo é, em certo sentido, o precursor (se não o coetâneo) de Ravachol, Auguste Vaillant, Emil Henry, Santo Caserio, anarquistas violentos cuja filosofia se traduz em bombas e assassinatos; obviamente, os naufrágios deliberados causados pelo *Nautilus* são outra versão daqueles atos de terror.

A violência do Capitão Nemo na segunda parte do romance assustou seu editor. Respondendo a uma crítica de Hetzel feita pouco antes da publicação de *Vinte mil léguas submarinas*, Verne explica que não pode ser de outra maneira. O bibliófilo taciturno que mostra ao professor Aronnax suas estantes repletas de "tudo o que o homem produziu de mais belo" transforma-se, no momento da ação necessária, não num preceptor da humanidade, mas num "carrasco sombrio". Os livros serviram de guia ao Capitão Nemo, de conhecimento, de repositório da memória comum da humanidade, mas (como todo leitor sabe), um livro ou uma biblioteca inteira não podem fazer mais do que iluminar o caminho que seu leitor escolheu; não podem dirigi-lo, muito menos obrigá-lo a seguir uma determinada direção. Anos depois, Verne contaria o fim de seu herói em *A ilha misteriosa*, quando o anarquista desiludido confessa seu fracasso: "Solidão, isolamento: essas são coisas tristes, além da força humana... Morro por ter acreditado que um homem pode viver sozinho".

Jean-Jules Verne, neto de Verne, conta que seu avô quis escrever sobre a luta do povo polonês contra o império russo e que, talvez por razões de censura governamental, não o fez. Escreveu, em compensação, *Vinte mil léguas submarinas*. O Capitão Nemo é um rebelde universal, não um revolucionário específico. "Sou o direito, sou a justiça!", diz ele ao professor Aronnax. E apontando para a embarcação que está prestes a atacar: "É por sua culpa que eu vi perecer tudo aquilo que amei e venerei, minha pátria, minha mulher, meus filhos, meu pai, minha mãe! Tudo o que odeio está ali!".

Depois da cena terrível de destruição que vem em seguida, o professor Aronnax tenta dormir e não consegue. Em sua imaginação, revê a história desde o início, como se folheasse um livro já lido, e, à medida que recorda, o Capitão deixa de ser seu igual e se transforma "num homem das águas, no gênio dos mares". Diante de nossos olhos leitores, o professor Aronnax, personagem do romance de Verne, desdobra-se em leitor de suas próprias aventuras, nas quais o Capitão Nemo já não é um homem como ele, mas algo mais vasto, menos compreensível, mais espantoso, menos próprio à imaginação de Júlio Verne do que à mítica biblioteca universal. Nesse ponto mágico, protagonista e autor, autor e leitor, leitor e protagonista se confundem num só personagem, dentro e fora do livro, suspenso entre o tempo do romance e o nosso, lendo-o hoje.

Marta e Maria e as cascatas de Reichenbach: Stevenson e Conan Doyle

*Os filhos de Maria quase nunca se incomodam, posto que her-
daram a parte boa; mas os filhos de Marta preferem sua mãe,
a de alma cuidadosa e coração cheio de dor. E como uma vez
perdeu a compostura, e foi rude com o Senhor, seu Convidado,
seus filhos devem servir aos filhos de Maria, sem cessar, sem
perdão, sem descanso.*

Rudyard Kipling, "The Sons of Martha", 1907

"Um homem que encontra prazer no movimento, que deseja, acima de tudo, uma vida ativa, sem dúvida se dará melhor nos
Alpes", escreveu Stevenson, novamente prostrado em sua cama,
em "The Misgivings of Convalescence". Os Alpes, os Cévennes,
os mares do Sul sempre o atraíram com sua promessa de sol e
saúde, e ele dava a seus heróis destemidos a força que lhe faltava
para subir montanhas e sulcar os oceanos. Os heróis de Stevenson
nunca são pensadores de vida reclusa. Todos eles encontram
"prazer no movimento". Correm, lutam, nadam com toda a energia que seu criador pôde lhes dar. Seus homens (não há mulheres

entre eles, exceto, talvez, Thrawn Janet) nunca perguntam "*cui bono?*", a questão que, assinala Stevenson, "persegue qualquer jovem forte como sua própria sombra". A frase é reveladora: todo o mito de Stevenson pode ser reduzido ao mito de uma sombra, à imagem que um homem tem de si mesmo em seus próprios corpo e mente, em contraste com a que projeta sob o sol do mundo. Uma das imagens mais inquietantes da obra de Stevenson aparece no final de um poema infantil aparentemente inocente. Depois de descrever os movimentos da sombra de um menino, ele conta que, certa manhã, bem cedo, este se levantou "antes que o sol nascesse" e saiu para explorar o jardim umedecido pelo orvalho, mas sua sombra, seu outro ser inseparável, tinha ficado para trás, na cama, vivendo uma existência própria. Lembro-me de tê-lo lido quando menino, e de ter ficado horrorizado com a ideia atroz de ser dois: eu mesmo, consciente de meus atos no mundo, e minha sombra, de cujas atividades eu poderia não saber nada. (Oscar Wilde utilizou o mesmo conceito em sua história "The Fisherman and his Soul", na qual a sombra independente do jovem pescador sai para o mundo e comete, como Mr. Hyde, atos terríveis demais para serem expressos por palavras.)

Doyle, por sua vez, um esportista entusiasta que jogava futebol e críquete representando a Inglaterra, que treinava como boxeador e era um experiente jogador de bilhar, criou um herói que é puro cérebro sem corpo, e cuja atividade física só surge como concessão às limitações do poder da mente no reino do espaço. A não ser como uma consequência de suas reflexões (pelos pântanos de Yorkshire ou acima das cascatas de Reichenbach), as funções corporais de nada servem para Sherlock Holmes. Num tom de desdém, Stevenson comentou que às vezes "o mundo está perto demais de nós, não só no que ganhamos e gastamos, mas também em nossas especulações úmidas e desanimadas". Essa mesma frase poderia ter sido pronunciada, porém num tom solene, pelo próprio Holmes: "Não posso viver sem fazer meu cérebro trabalhar", diz ao dr. Watson, para justificar sua necessidade de cocaína. "Que outra razão há para viver? Olhe por essa janela. Alguma vez o mundo foi tão lúgubre, triste e improdutivo? Olhe essa névoa amarela que faz redemoinhos pela rua e desliza diante dessas casas cinzentas." Holmes transformava a brincalhona *Weltschmerz* de Stevenson numa angústia existencial de noite e névoa.

Para Stevenson, o lamento era uma advertência: tais "especulações desanimadas" não eram bem-vindas, especialmente para alguém que dissera, certa vez: "Nosso objetivo na vida não é triunfar, mas fracassar com o melhor dos ânimos". Holmes, o homem que pensa, busca o sucesso; os homens que agem (os viajantes de Stevenson) acreditam que "viajar com esperança é melhor que chegar". Na clássica disputa entre Marta e Maria, as simpatias de Stevenson (e isso é duro para um escritor) se voltam para o personagem ativo, e é revelador que o verdadeiro herói trágico da fábula de Stevenson sobre o duplo seja o incansável Mr. Hyde, não o reflexivo Dr. Jekyll. Talvez o homem de ação seja um ser malvado (um Hyde-Marta egoísta, brutal e antissocial), mas o sentimento de culpa por suas malfeitorias tem relação com o culto da ciência de Jekyll-Maria. Na obra de Doyle, ao contrário, o herói, esse detetive reflexivo, aparece em contraste com a atividade impassível do dr. Watson (atribuindo assim à sua própria e não muito apreciada profissão de médico o lado mais frágil de sua criação). Doyle está ao lado da pensativa Maria, construindo uma imagem unificada do mundo a partir da todo-poderosa fé de Holmes na deusa Razão.

Pelo menos duas visões opostas surgem das narrativas desses dois escritores. Para Stevenson, o universo está claramente dividido segundo a linha da teologia maniqueísta. Tudo tem um duplo, cada luz sua sombra, cada corpo sua alma, e o homem existe na tensão entre ambos. Para Doyle, toda vida é parte de uma entidade única, autossuficiente e razoável. O mundo de Stevenson não requer uma resolução terrena: sua narrativa é aberta, posto que todos os caminhos se bifurcam; o de Doyle sempre se resolve numa conclusão, num mistério desvendado, num caso encerrado. Para Stevenson, o relato exemplar da dupla natureza do mundo é, naturalmente, *Dr. Jekyll and Mr. Hyde*. Para Doyle, a unidade do cosmos alcança sua forma mítica no conto do professor Challenger "When the Earth screamed". Muito antes da hipótese Gaia, Doyle supôs (e o professor Challenger comprovou) que a terra era uma só criatura, viva, feminina, sujeita à mortalidade e à dor. "Ela demonstrou", informa-nos ele, "que era, sem dúvida, uma entidade individual."

Naturalmente, os limites dessas duas visões de mundo se modificavam e eram transgredidos muitas vezes. Assim como Doyle criou heróis cujo triunfo radicava na ação (o professor Challenger, Micah Clarke, o *brigadier* Gerard), Stevenson permitiu-se uma "Apology for idlers". Na arte da narrativa, os papéis de Marta e Maria são intercambiáveis, o que tanto Doyle quanto Stevenson sabiam muito bem. "Existem em mim", Doyle faz com que Doyle diga sobre si mesmo, "os ingredientes de um perfeito folgazão, e também de um homem bastante dinâmico." E mesmo quando elogia os frutos do esforço físico, Stevenson reflete em voz alta: "Nós nos apaixonamos, bebemos muito, corremos por toda a Terra de um lado para o outro como ovelhas assustadas. E agora você está prestes a se perguntar se, afinal de contas, não teria sido melhor ficar sentado em casa junto à lareira, e ser feliz pensando".

Stevenson acreditava numa imortalidade exemplar, uma eternidade cristã na qual todas as histórias por resolver acabariam alcançando seu final, feliz ou trágico, mas merecido, e que este se manteria em segredo até o último capítulo. "Não há nada neste mundo que não seja olho por olho, dente por dente, ainda que as origens às vezes sejam um pouco difíceis de rastrear, posto que os sinais são mais antigos que nós mesmos, e até agora nunca houve um dia de calma, desde o princípio dos tempos." Doyle abraçava a filosofia pessimista do esquecido Winwood Reade, um explorador africano, escritor malsucedido de *romans-à-clef*, cujo *Martyrdom of Man* é recomendado com muito entusiasmo pelo próprio Holmes, como "um dos livros mais notáveis que já se escreveram". Em sua conclusão sombria, Reade afirma: "Uma época de angústia mental se aproxima, e devemos atravessá-la se quisermos alcançar a posteridade. A alma deve se sacrificar; qualquer esperança na imortalidade deve se extinguir". Como Reade, e apesar das evidentes duplicidades de suas criações — Holmes e Watson, Holmes e Moriarty —, Doyle acreditava num cosmos integral e unificado. Sua fé no sobrenatural (Doyle acreditava em fadas e fantasmas) não invade o mundo de Holmes porque (como pensava Doyle) esse mundo não precisa se exibir para provar sua existência. A carne sólida e a presença fantasmagórica, o paladino e o criminoso, o bem e o mal eram para Doyle parte da mesma trama indiscernível, de modo que (apesar dos protestos escandalizados de Watson) Holmes podia forçar uma fechadura ou falsificar uma carta, personificar outra pessoa ou mentir para obter a informação de que precisava, sem deixar de ser, aos olhos do leitor, completamente confiável e heroico.

Stevenson, por sua vez, via o bem e o mal como duas entidades diferentes e separadas, e acreditava que o mundo se dividia por decisão própria entre os filhos da luz e os filhos da escuridão. Isso não quer dizer que ele se negasse a perceber matizes: era um artista bom demais para não fazer isso. Mas os matizes não ocultavam a brecha entre o que estava bem e o que estava mal, ainda que ele mesmo percebesse, às vezes, a sedutora atração do escuro. Certa vez, comentou que os cartazes colocados pelos governantes da cidade de Edimburgo, que lembravam os mandamentos do

Senhor à população, causaram um efeito negativo em muitas pessoas. "Fazer com que nossa ideia de moralidade esteja centrada em atos proibidos é corromper a imaginação e introduzir nos julgamentos sobre nossos semelhantes um ingrediente secreto de entusiasmo", escreveu. "Se algo é ruim para nós, não deveríamos parar para pensar nisso, ou não demoraremos a considerá-lo um prazer invertido." Esse "prazer invertido" é o fruto proibido oferecido aos heróis de Stevenson em "Markham", em "The Ebb-Tide", nas traições de *Treasure Island* e *Kidnapped* e, evidentemente, em *Dr. Jekyll and Mr. Hyde*.

Doyle tinha plena consciência dessa diferença entre ele e Stevenson. Stevenson lia Doyle (e fazia críticas severas nas cartas que lhe escrevia). Doyle se absteve da crítica, mas, em compensação, outorgou a Stevenson um lugar (pequeno, discreto) em sua própria ficção. O nome de Stevenson aparece em duas ocasiões na obra de Doyle, e em ambos os casos como um duplo cujo nome de batismo não é mencionado. Primeiro, como a segunda metade da firma financeira Holder & Stevenson, pessoas sobre as quais nada sabemos, ainda que, como Holder é um banqueiro frio e inflexível, possamos supor que Stevenson representa o lado mais amável e humano da empresa. Segundo, como o possível substituto de Godfrey Staunton no time de rúgbi de Cambridge (um verdadeiro "prazer em movimento"!), o homólogo de um corpo sólido para o coração perdido de Staunton. Não resta nenhuma dúvida de que essa homenagem foi deliberada.

Memória para o esquecimento: os ensaios de Robert Louis Stevenson

"Tenho uma memória esplêndida para o esquecimento, David."

Alan Breck, em Kidnapped

O homem que narra é um mistério. Para desvendá-lo, seus leitores recorrem à confissão, à correspondência privada, às fotos e aos retratos, à análise psicológica, à memória dos que conviveram com ele, como se conhecer o mago lhes permitisse entender sua magia. No caso de Stevenson, biografias inomináveis tentam definir o homem a partir de uma infinidade de pressupostos; nenhuma o abarca totalmente, e decerto nenhuma explica o mistério.

Sabemos que Robert Louis Stevenson nasceu em 1850 em Edimburgo, cidade cuja arquitetura povoa grande parte de seus relatos e cujo sotaque dá ritmo a toda a sua obra em verso e prosa. Desde menino, padeceu de uma tuberculose que acabou por matá-lo em 1894, e durante as longas noites de dor e insônia sua fiel ama de leite, Cummie, contava-lhe histórias de medo para afastar o medo verdadeiro que o pequeno Stevenson chamava de "a bruxa da noite", para não lhe dar seu verdadeiro nome. Em busca de alívio para seus pulmões e depois de vagos estudos jurídicos, saiu viajando pelo mundo, das montanhas da Europa aos mares do Sul. Na França, apaixonou-se por Fanny Osborne, uma norte-americana mãe de dois filhos, vários anos mais velha do que ele; quando Fanny retornou a seu país, Stevenson foi à sua procura, cruzando o Atlântico e os Estados Unidos até a Califórnia, para pedir sua mão em casamento. Fanny aceitou. Em 1890, com sua mãe viúva, sua mulher e dois enteados, Stevenson emigrou para Samoa, onde os indígenas lhe deram o nome de "Tusitala", que quer dizer "homem que conta contos". Quando morreu, um batalhão de samoanos levou seu caixão nos ombros até o cume da montanha mais alta, onde foi enterrado entre palmeiras. Seu túmulo leva o epitáfio que ele mesmo escrevera anos antes, e que termina com estas palavras: "Aqui jaz onde desejava estar;/ O marinheiro voltou do mar/ E o caçador voltou do monte".

Minha amizade com Stevenson começou cedo. Li seus poemas para crianças (*A Child's Garden of Verses*) aos seis ou sete anos e aprendi vários de memória, dos quais ainda me lembro. Depois veio *Treasure Island* na esplêndida edição de May Lamberton Becker, cuja introdução contava como Stevenson imaginara o livro a partir do pedido de seu enteado adolescente e de um mapa esboçado durante uma tarde chuvosa. *Dr. Jekyll and Mr. Hyde* e os contos de *The New Arabian Nights* vim a descobrir anos mais tarde: o primeiro continua sendo um de meus livros de cabeceira, o segundo me faz rir ainda hoje com suas aventuras absurdas e trágicas. Adolfo Bioy Casares me fez ler os livros de ensaios e me falou longamente de sua afinidade intelectual com o autor de *Familiar Studies of Men and Books* e *Virginibus puerisque*. Stevenson é sem dúvida um dos deuses tutelares de *El sueño de los héroes* e de *Aventuras de un fotógrafo en La Plata*. Bioy (como Borges, outro de seus grandes admiradores) não entendia que Stevenson não fosse mais lido hoje em dia.

Stevenson foi um dos autores mais populares de sua época. Sua literatura (que inclui poesia, prosa e ensaio, mas também o sermão, a prece e o gênero epistolar) é acima de tudo divertida, e essa qualidade fez com que, pouco depois de sua morte, os leitores do novo século tachassem seu autor de "mero contista", esquecendo seu estilo esplêndido, notável por sua perfeição e discrição. Agora, quando pensamos em Stevenson (apesar da veneração de críticos tão perspicazes quanto Borges, Bioy Casares, Graham Greene e Nabokov), imaginamos um escritor de livros para jovens, categoria em que erroneamente incluímos tanto *Treasure Island* quanto *Dr. Jekyll and Mr. Hyde*. Falha nossa.

Pensamos conhecer Stevenson porque pensamos conhecer a imagem que ele projetou no mundo: a de um empedernido viajante narrador de histórias e um apaixonado homem de ação cujos riscos (digamos) foram mais corporais que literários. Confundimos os temas de sua literatura com o homem que os explorou, como se toda criação fosse um reflexo fiel de seu criador. "Tive a infelicidade de começar um livro com a palavra 'eu', e de imediato se supôs que, em vez de tentar descobrir leis universais, estava analisando a mim mesmo, no sentido mesquinho e detestável da palavra", queixava-se Proust no final da vida. A mesma queixa poderia ter sido feita por Stevenson, cujos piratas e aventureiros fazem pensar que seu autor estava mais próximo de um sanguinário aventureiro do que de um homem de letras. Numa carta dirigida a Henry James, escrita em 1885, quando Stevenson beirava os 35 anos, queixa-se da impressão que têm dele seus leitores: "um 'atlético-esteta' de rosadas amígdalas". E esclarece: "o verdadeiro R. L. S. é 'um espectro enfermiço e reservado'". O certo é que nenhuma das duas definições lhe faz justiça.

Ele foi, sobretudo, um escritor, ou seja, um homem de letras, um artesão das palavras. Para Stevenson, o mundo e as palavras que o narram têm a mesma importância. Não que estas pos-

157

sam substituir aquele ("Os livros têm seus próprios méritos, mas são substitutos anêmicos da vida real", disse em "An apology for idlers"), mas podem ser o instrumento que permite explorá-lo intimamente; um instrumento deve ser refinado, polido, afiado. Estilo, arte e artifício interessaram-lhe durante toda a vida. Se escolheu ser escritor em vez de engenheiro, como seus antepassados, e construir histórias em vez de faróis, nunca abandonou a devoção ancestral aos métodos e técnicas profissionais, qualquer que fosse a profissão. A maestria da álgebra e dos logaritmos sobre a qual os primeiros Stevenson basearam seus trabalhos foi substituída no neto distante por um profundo conhecimento da gramática e do dicionário ingleses; para ele o equilíbrio de determinada frase teve tanta importância quanto para eles foi importante o equilíbrio de determinada ponte. "O amor pelas palavras e não o desejo de publicar novos achados, o amor pela forma e não uma nova leitura de fatos históricos, marcam a devoção do escritor", declarou ("Fontainebleau").

O estilo resultante disso é impecável, sem artifícios. Ler o primeiro parágrafo de seu conto "O diabo na garrafa" ou qualquer um dos ensaios de *Essays on Travel* é descobrir o quão preciso e claro pode ser um idioma nas mãos de um mestre. Sua confiança no poder da língua escrita o faz buscar sempre *le mot juste*, que, como seu contemporâneo Flaubert, ele sabe perfeitamente encontrar-se nessa quase infinita combinação de 26 letras, e nenhum texto lhe parece acabado até encontrá-lo. É por isso que, depois de sua morte, e apesar de sua viúva ter queimado centenas de seus papéis, encontrou-se um bom número de textos inconclusos, muitos de uma perfeição admirável, mas que não devem ter deixado seu autor totalmente satisfeito.

"O estilo é a marca invariável de um mestre", adverte em "A note on realism", e para o aprendiz que não almeja ser contado entre os gigantes, é, apesar de tudo, a qualidade na qual alguém pode se adestrar à vontade. A paixão, a sabedoria, a força criativa, o talento para criar mistério e esquecimento, são qualidades que nos são outorgadas na hora de nascer, e não podem ser nem aprendidas nem estimuladas. Mas o uso destro e justo das qualidades que realmente possuímos, quaisquer que sejam elas, a proporção de uma diante da outra e diante do conjunto da obra, a eliminação do inútil, a ênfase no importante e a manutenção de um caráter uniforme do princípio ao fim — estas, que juntas constituem a perfeição técnica, podem ser alcançadas, até certo ponto, à força de trabalho e de coragem intelectual.

Stevenson alcançou muitas vezes essa "perfeição técnica". Ao descrever, por exemplo, uma cena complexa, a morte do velho Lord em *The Master of Ballantrae* ou o último dia com a burra Modestine em *Travels With a Donkey in the Cevennes*, não lhe basta contá-la com verbos aproximativos que depois uma caterva de advérbios e adjetivos tenta afinar ou remediar. Stevenson desenha a cena com precisão de cirurgião e, ao relê-la, percebemos que nenhuma palavra pode ser substituída, que cada palavra é necessária para manter a coerência do parágrafo inteiro. "Ao contemplarmos uma paisagem, esta nos encanta", escreve ("A Retrospect"), "mas somente quando essa paisagem volta à nossa memória, de noite, junto à lareira, é que podemos desentranhar seu encanto principal do emaranhado de detalhes." Assim também pode ser definido o estilo de Stevenson.

Esse estilo — preciso, singular, invisível — presta-se admiravelmente a seu pensamento. Herdeiro da fé severa de Lutero e de John Knox, mitigada, é verdade, pela imaginação igualmente fervorosa do norte com suas bruxas, seus demônios, seus elfos e seus

159

fantasmas, Stevenson resume sua filosofia no sermão de Natal que escreveu para sua família em 1888:

> Ser honesto, ser amável — ganhar um pouco e gastar um pouco menos, em geral tornar uma família mais alegre com sua presença, renunciar, se preciso, e não se sentir amargurado, ter poucos amigos mas estes sem se renderem jamais —, sobretudo, com essa condição severa, ser amigo de si mesmo —, eis uma empresa que requer toda a força e delicadeza que um homem possa ter. Possui uma alma ambiciosa quem pedir mais, e um espírito otimista quem espera que tal empresa seja bem-sucedida. Há na sorte humana, sem dúvida nenhuma, um elemento que nem sequer a cegueira pode controverter: seja qual for nossa tarefa, não estamos destinados ao sucesso. Nosso destino é o fracasso. É assim em toda arte e em todo estudo; é assim, sobretudo, na comedida arte de viver bem.

Essa convicção, de que toda empresa humana está fadada ao fracasso, não é, para Stevenson, motivo de queixa nem de júbilo. Se não estamos obrigados ao sucesso, podemos usufruir nosso trabalho sem sentimento de culpa e sem medo do castigo, fazendo o que devemos fazer da melhor maneira possível, desfrutando do esforço e do caminho escolhido. "Viajar com esperança é melhor que chegar, e o verdadeiro sucesso reside no esforço", conclui um de seus melhores ensaios ("El Dorado").

A filosofia de Stevenson é, sobretudo, alegre, agradecida, e é por isso que Stevenson é um dos poucos escritores que deixam o leitor com uma sensação de felicidade. O mundo o encanta, não pelo que possa oferecer-lhe ou outorgar-lhe, mas por si mesmo, por sua mera existência, e quer compartilhar com quem o lê essa felicidade quase arbitrária. "Nenhum dever é tão pouco valorizado quanto o dever de ser feliz", escreveu ("An Apology for Idlers").

Para nos contar sobre o mundo, Stevenson se vale de sua própria biografia, jamais com ostentação, só como prova ou argumento para iniciar ou ilustrar uma ideia. "Acreditar na imortalidade é uma coisa, mas primeiro é preciso acreditar na vida", diz em "Memories and Portraits". A partir de sua infância, ele nos explica a importância dos pesadelos, e a partir do tom de voz com que Cummie lhe contava histórias para acalentar o sono, nos fala do ritmo próprio de cada texto. Tomando como ponto de partida seu atribulado amor por Fanny, fala-nos da amizade, do casamento, das obrigações e deveres do coração. Fazendo a crônica de suas peregrinações, propõe-nos condutas exemplares perante a paisagem (mesmo que seja uma paisagem sem atrativos), perante os desconhecidos (cuja experiência pode iluminar a nossa), perante a justiça e (a palavra parece desmedida, mas não na prosa de Stevenson) a honra. Cada texto de Stevenson é, além de uma criação literária, uma proposta ética.

"Quando você o lê", escreveu Stevenson sobre *As meditações* de Marco Aurélio ("Books Which Have Influenced Me"), "leva consigo a lembrança do próprio homem; é como se tivesse apertado a mão de alguém leal, fixado a vista em seus olhos corajosos, e tivesse se tornado um nobre amigo de agora em diante, e outros novos laços o amarram, sujeitando-o à vida e ao amor pela virtude." Essas palavras podem se aplicar, sem que se mude uma única, ao leitor de Robert Louis Stevenson.

Jó revisitado: Yehuda Elberg

Eis que tens ensinado a muitos.

Jó, 4:3

Em algum momento do século x, continuando uma já extensa tradição de perseguições e fugas, a população judia do norte da França emigrou para a Renânia, uma região que, naquela época, tinha uma vaga reputação de tolerante. Para se comunicar com seus anfitriões germânicos, que falavam o que agora chamamos de alto alemão médio, os judeus aprenderam rapidamente o novo idioma e mais tarde, em suas incessantes peregrinações, transladaram sua versão dele a outros países europeus. No entanto, desde o início, a linguagem dos judeus da Renânia apresentava características próprias. Mostrava muitas influências do hebraico e do aramaico, continha numerosas palavras românicas provenientes da França, e se escrevia com o alfabeto hebraico. Quando, sob o nome de iídiche, finalmente se estendeu à maioria das comunidades judaicas da Europa, adquiriu também numerosas diferenças dialetais no oeste, no leste e na região conhecida como Mittel-Europa. Apesar dessas variações, de meados do século XIII até o século XVI o iídiche primitivo transformou-se numa linguagem literária bastante uniforme, da qual se conservaram apenas um punhado de poemas, traduções da Bíblia e documentos burocráticos, entre eles um romance artúrico, o *Artushof*, em que Artur é um príncipe judeu e Merlin um rabino sábio. O iídiche da atualidade deve muito a essas primeiras transformações.

A linguagem e sua encarnação, o Livro, proporciona aos judeus um senso de lugar, um ponto fixo que vai se transladando no tempo, de país estrangeiro a país estrangeiro, de pogrom a pogrom. E de todos os idiomas falados pelos judeus, incluído o hebraico, o iídiche talvez seja o que melhor expressa a incerteza desta vida. Em 19 de outubro de 1921, Franz Kafka escreveu em seu diário: "Moisés não entra em Canaã não porque sua vida seja curta demais, mas porque é uma vida humana". Essa qualidade heroica do fracasso é o que (com um humor sábio, seu ceticismo, seu senso de justiça definitiva) o iídiche reflete. E os escritos em iídiche de Yehuda Elberg, agora disponíveis pela primeira vez em inglês, francês e espanhol, preservam essa antiga característica na linguagem de sua ressurreição.

Há escritores para os quais o mundo é a circunspeção de seu quarto, onde a experiência e a memória se alinham como objetos numa única estante sobre a cama; para outros, o universo não é suficientemente vasto, e seu tema abarca tanto a estrela mais distante quanto o reflexo dela a seus pés. Uma variedade menos comum transforma o espaço imediato e privado no cosmos, de modo que tudo o que dizem está firmemente centrado e ao mesmo tempo generosamente distante. A famosa definição de Pascal de Deus como um círculo cujo centro está em toda parte e a circunferência em nenhuma se aplica a seu mundo. Dostoiévski, Joyce e Goethe se encontram entre eles. E também Yehuda Elberg, cuja escritura, sob uma aparente serenidade, formula perguntas colossais e sussurra insinuações de uma resposta.

Yehuda Elberg nasceu em Zgierz, Polônia, em 1912, herdeiro de uma longa linhagem de rabinos que remontavam ao célebre Rashi. Embora Elberg tenha se tornado rabino, ele jamais ocupou esse cargo, e trabalhou como engenheiro têxtil até a eclosão da Segunda Guerra Mundial. Tornou-se membro da Resistência polonesa e mais tarde, depois da guerra, participou da Ação Hapala, que transportava judeus clandestinamente da Cortina de Ferro para a Palestina. Em 1947 chegou a Paris, onde foi diretor da prestigiosa revista literária *Kiyoum*. Um ano mais tarde, viajou para os Estados Unidos para participar do Congresso Mundial de Cultura Judaica. Em 1956 mudou-se para Montreal, onde morreu em 2003. Recebeu do primeiro-ministro de Israel o prêmio por excelência em literatura (a única outra pessoa não israelense que obteve o mesmo galardão foi Isaac Bashevis Singer) e o prêmio Itzhak Manger, que Golda Meir lhe entregou pessoalmente.

Em todos os escritos de Elberg subjaz o conhecimento da coerência do universo. Acontecimentos diferentes e destinos díspares se conectam ou se cruzam de maneira inesperada, mas com precisão absoluta. É como se, para Elberg, a totalidade do tempo fosse um tabuleiro no qual se jogam os destinos humanos segundo regras das quais não somos conscientes, mas que são regras, de qualquer forma.

Naquele que talvez seja seu melhor livro, *The Empire of Kalman the Cripple*, o protagonista é o neto do respeitado Reb Jonah Swerdl de Dombrovka, Polônia, que carrega nos ombros as expectativas geradas por uma extensa e renomada linhagem de sábios. Kalman não lembra nada de seus primeiros anos; qual foi a doença que o deixou aleijado, o que sentia pelo pai, que o abandonou quando ainda era um bebê, ou por sua mãe, que morreu pouco depois. Com seu avô, Kalman aprende disciplina e piedade; o rabino do povoado lhe transmite amabilidade e erudição. Mas com todos esses elementos instrutivos, Kalman prepara sua própria receita espiritual. Transformado num adulto sem-vergonha, frio, vingativo e esperto, o senso de disciplina de Kalman se torna severo, sua piedade, pouco ortodoxa, sua amabilidade, egocêntrica, e sua erudição, benéfica apenas para ele mesmo. Mas não é a indulgência que o torna culpado; segundo um provérbio do *Talmude*, "Um homem deverá prestar contas, no Além, de qualquer prazer permissível do qual se tenha privado". Se Kalman é culpado de algo, é de ter sobrevivido a todas as adversidades, transformando-se no homem mais temido e poderoso da comunidade judaica de Dombrovka e fazendo estragos entre os ricos e os pobres, os tolos e os sábios, e até entre o gentio. Por meio do progresso inexorável de Kalman, Elberg consegue modificar as simpatias do leitor; a piedade pelo menino aleijado se transforma em indignação por sua falsidade e astúcia, que se transforma, por sua vez, por um giro na trama que é absolutamente perfeito, de novo em piedade, e mesmo em admiração. Toda a saga de Kalman se sustenta na percepção tipicamente judia de que nossa inteligência poucas vezes nos permite ter acesso à verdade que se encontra diante de nós, de que os acontecimentos que presenciamos contam uma história diferente da que acreditamos estar seguindo, e de que a sabedoria de Deus sempre é superior a Seu mistério. Nesse sentido, cada história judaica é a história de Jó.

O mundo a que pertence Kalman (o mundo que imagina controlar e tenta definir) é o de outro colega de Elberg, bem mais conhecido, Sholem Aleichem, que morreu apenas quatro anos depois do nascimento de Elberg. Mas na história de Kalman o agridoce *shtetl* de Aleichem não é nada pitoresco: o tom familiar e amável das histórias de Aleichem se vê violentamente alterado por assassinatos alarmantes e atos de violência, através de personagens ambíguos e conclusões ambivalentes. Mesmo no final do romance, quando o leitor já parece ter se reconciliado com a duvidosa carreira de Kalman, celebra-se um nascimento, a promessa de um futuro, numa festa de circuncisão que ocorre numa terça-feira, um "dia de sorte", quando se anuncia que o legado de Kalman encontrou um herdeiro. Mas no último parágrafo ficamos sabendo que essa terça-feira em questão, dia 31 de janeiro de 1933, é exatamente a mesma terça-feira em que o chanceler do Reich, Hitler, transforma-se no novo líder da Alemanha.

Elberg parece nos dizer que, definitivamente, há um significado por trás disso tudo, só que esse significado deve continuar sendo obscuro, incompreensível, uma luz ardendo no rosto de um cego, que pode sentir seu calor, mas não adivinhar sua natureza iluminadora. A palavra de Deus, para nossos ouvidos imperfeitos, é de uma ambiguidade infinita. A linguagem, as palavras de que estamos feitos, reflete esse incômodo estado de ser ao mesmo tempo explícito e implícito, superfície e ocultamento, e a fonte de uma luz constante que foge a nossa compreensão.

The Empire of Kalman the Cripple tem ecos insuspeitos do grande romance cristão de Dostoiévski, *O idiota*, mas ao passo que na obra de Dostoiévski o protagonista termina isolado do resto da sociedade, em virtude de sua inocência fatal, Kalman (e aqui Elberg remonta aos primeiros místicos judeus) reflete ou contém todas as qualidades de sua sociedade, é um receptáculo de sua inocência e também de sua corrupção, transformando-se tanto em sua vítima quanto em seu carrasco.

Elberg morreu em 2003, esquecido de tudo e esquecido por quase todos. Mesmo assim, continuo achando surpreendente que tal escritor, cuja obra, segundo Elie Wiesel, "terá sem dúvida um lugar entre as contribuições mais importantes da literatura do Holocausto", ainda permaneça desconhecida para tantos leitores. Confio, no entanto, que no futuro outros leitores, talvez mais sábios e mais cultos do que nós, devolvam Elberg a seu merecido lugar entre as testemunhas mais agudas e comoventes de nossa terrível época.

Et in Arcadia ego: Kenneth Grahame

> *Ele acreditava que sua felicidade era completa.*
>
> Kenneth Grahame, *The Wind in the Willows*

Em diversos momentos de minha longa vida de leituras senti a tentação de escrever uma autobiografia baseada exclusivamente nos livros que tiveram importância para mim. Alguém me contou certa vez que os nobres espanhóis costumavam gravar seu escudo de armas na cabeceira da cama, de modo que os visitantes soubessem quem era aquele que dormia um sono que poderia muito bem ser o último. Por que, então, eu não poderia identificar-me pelos livros que estão em minha mesa de cabeceira e que me definem e representam melhor do que um escudo simbólico? Se algum dia eu me permitir tão presunçosa empresa, não resta dúvida de que dedicarei um capítulo, um dos primeiros, a *The Wind in the Willows*.

Não me lembro quando li pela primeira vez *The Wind in the Willows*, por ser um desses livros que parecem ter me acompanhado desde sempre, mas deve ter sido muito cedo, durante os primeiros anos de minha vida de leitor, quando meu quarto ficava num porão frio e escuro e o jardim onde eu brincava ostentava as quatro palmeiras e a velha tartaruga como seu espírito tutelar. A geografia de nossos livros contamina a geografia de nossa vida, e por isso, desde o começo os prados da Toupeira e a ribeira da Rata e o bosque do Texugo se infiltraram em minhas paisagens particulares, exigindo das cidades em que eu morava e dos lugares que visitava os mesmos sentimentos de prazer e conforto e aventura que surgiam dessas páginas tantas vezes lidas. Nesse sentido, os livros que amamos se transformam em nossa cartografia.

Em 1888, John Ruskin deu um nome à casual conjunção da natureza física com as emoções humanas: "Todos os sentimentos violentos", escreveu, "falseiam nossas impressões sobre as coisas externas, num processo que eu caracterizaria, em termos gerais, como 'falácia patética'". Kenneth Grahame desdenhou essa advertência de forma magnífica. A paisagem de Cookham Dene, às margens do Tâmisa (o lugar em que ele vivia e de onde transladou ao mundo a Toupeira, a Rata, o Texugo e o Sapo) é, em termos emocionais, a fonte e não o resultado de uma visão de mundo que não pode distinguir-se do mundo em si. É possível que tenha existido uma época muito antiga na qual a bucólica paisagem inglesa foi ignorada e se manteve intocada pelas palavras, mas desde os tempos dos primeiros poetas ingleses a realidade desse lugar se relaciona mais com sua descrição do que com sua mera existência. Nenhum leitor de *The Wind in the Willows* consegue ver Cookham Dene pela primeira vez. Depois da última página, somos todos antigos habitantes dessa região, e cada canto e recanto seu nos são tão familiares quanto as manchas e as rachaduras do teto de nosso quarto. Não há nada de falso nessas impressões.

Há livros que (além da serenidade que costuma acompanhar

os objetos familiares) têm um caráter intrinsecamente calmo e tranquilizador. *The Wind in the Willows* é um desses livros. Há algo na escolha das palavras e no ritmo das frases que reflete a calma daquela paisagem antiga que Grahame adorava e conhecia tão bem. Mas a simplicidade de seu texto é enganosa.

Uma frase fácil de ler talvez tenha sido difícil de redigir. Talvez quanto maior a facilidade da escritura, mais difícil seja a tarefa da composição. Escrever não é fácil, nem é preciso dizer. Sempre há prazer nesse exercício; mas sempre há, também, agonia no esforço. Se criamos uma fórmula com esses dois motivos, creio que podemos definir melhor o processo. Trata-se, na melhor das hipóteses, de uma agonia prazerosa.

No entanto, *The Wind in the Willows* não começou com esse ritmo tão pausado. Começou como uma história que seu autor contou a Rato (o apelido de Alastair, filho de Grahame) durante um forte acesso de choro em seu quarto aniversário, e que depois continuou por correspondência durante o verão de 1907, quando Alastair passava férias com sua tutora. O tom do relato (a julgar pelas cartas, publicadas em 1944 por Elspeth, a viúva de Grahame, com o título de *First Whisper of "The Wind in the Willows"*) era o típico das histórias que se contam às crianças, antes de dormir, um tom afetado e apressado, por sorte ausente na versão final.

GREEN BANK HOTEL,
FALMOUTH
10 de maio de 1907
Meu querido Rato,

Você soube o que aconteceu com o Sapo? Ele nunca foi preso pelos bandidos, no fim das contas. Tudo aquilo foi um truque bobo e horrível. Ele mesmo escreveu aquela carta, a que dizia que era preciso pôr cem libras na árvore oca. E certa manhã saiu pela janela, e foi para um povoado chamado Buggleton, onde entrou no Red Lion Hotel e lá encontrou umas pessoas que acabavam de chegar de carruagem de Londres, e enquanto estavam tomando o café da manhã ele foi até o estábulo e encontrou a carruagem e fugiu com ela sem ao menos dizer Poop-Poop! E agora ele desapareceu e todos estão à sua procura, incluindo a polícia. Receio que seja um animal malvado e mesquinho.

Tchau!,
de seu papai que o ama

Rato, como muitos dizem, era um menino intrépido que não se deixava intimidar pelo perigo, assim como o Sapo. Sua mãe contava que ele nunca tivera medo de "nada de natureza material". Quando era pequeno, encantava-o o rumor do vento fora da casa durante a noite, e quando lhe perguntaram se ligava de dormir sozinho no quarto, ele respondeu: "Não se você sair e fechar a porta". E quando perguntaram de novo se ele não tinha medo de ficar sozinho no escuro, disse: "Não se você apagar a luz".

Anos mais tarde, Rato morreu num misterioso acidente em Oxford. Para o leitor, a intromissão dessa tragédia na história da história transforma sub-repticiamente *The Wind in the Willows* numa elegia. O tom passa a ser de algo amado mas perdido, vivo na lembrança (na lembrança, sempre renovada, do leitor), eternamente jovem, porque a morte impediu que envelhecesse.

Quando ofereceu o romance à editora Charles Scribner's Sons, Grahame o descreveu como

um livro sobre a juventude e, talvez por isso, especialmente *para* os jovens e para aqueles que ainda mantêm o espírito da juventude vivo dentro de si; sobre a vida, o brilho do sol, a água que corre, os bosques, os caminhos empoeirados, sobre os invernos junto à lareira, sem problemas, livre do choque dos sexos, sobre a vida como podemos supor que é vista por algumas das sábias crianças pequenas que "deslizam entre a grama e os restos de madeira".

De qualquer forma, essa juventude do livro parece afetada por outro sentimento: uma satisfação que não costuma ter relação com a juventude, mas com a época que vem mais tarde, depois que a agitação e a ansiedade do novo ficam para trás e nos instalamos no lugar que nos foi destinado. *The Wind in the Willows* começa com uma partida, e com uma busca e uma descoberta, mas não demora a alcançar uma calma sensação de paz e de feliz satisfação, de agradável familiaridade. No livro de Grahame nos sentimos em casa.

Mas o universo de Grahame não é de retiro ou reclusão, de separação do mundo. Ao contrário, é de um tempo e de um espaço compartilhados, de uma experiência refletida. Desde as primeiras páginas, o leitor descobre que *The Wind in the Willows* é um livro sobre a amizade, uma dessas amizades inglesas que Borges descreveu, certa vez, dizendo que "começam por excluir a confidência e rapidamente omitem o diálogo". O tema da amizade atravessa cordialmente todas as nossas literaturas. Como Gilgamesh e Enkidu, Aquiles e Pátroclo, David e Jonathan, Dom Quixote e Sancho, Ishmael e Queequeg, Sherlock Holmes e Watson, Kim e o Lama, Bouvard e Pécuchet (todos os que cruzam, de braço dado, nossos relatos mais estimados), a Rata e a Toupeira refletem, mutuamente, identidades descobertas e visões de mundo opostas. Cada um afirma para o outro a parte melhor e mais viva de sua personalidade; cada um anima o outro a mostrar o melhor, o mais brilhante de si mesmo. É possível que a Toupeira esteja perdida sem os conselhos da Rata, mas a Rata, sem o espírito aventureiro da Toupeira, permaneceria isolada e afastada do mundo. Juntos constroem uma Arcádia no espaço que compartilham; apesar de Ruskin, sua amizade define o lugar que os definiu.

Assim como *The Wind in the Willows* foi um espelho dos lugares em que vivi, mais tarde, em minha adolescência, tornou--se o espelho de minhas relações, e lembro-me de ter querido viver num mundo de amigos absolutos, como a Rata e a Toupeira. Descobri que nem todas as amizades são idênticas. Ao passo que o vínculo entre a Rata e a Toupeira é irrepreensivelmente sólido, equitativo, equilibrado e inquestionável (e eu fui bastante sortudo por ter tido algumas amizades desse tipo), sua relação com o Texugo é mais forte, mais distante, posto que nos encontramos na Inglaterra, uma terra de castas e classes, e o Texugo tem uma posição social que exige dos outros uma deferência respeitosa. (Também tive amigos assim, amigos de quem gostei muito, mas com os quais sempre tive de lidar com cuidado, para que não me considerassem invasivo ou indigno.)

A relação com o Sapo é mais problemática. A Rata e o Texugo o adoram e se interessam por ele, e ajudam-no quase além do que pede o afeto, apesar da justificada exasperação que ele lhes provoca. O Sapo, por outro lado, é muito menos generoso e atento, e só os visita quando precisa deles ou quando quer se exibir. (Também tive amigos como o Sapo, que eram os mais difíceis de agradar, e dos quais eu tinha dificuldade em continuar gostando, e que, por diversas vezes, faziam-me desejar romper relações, mas então eles voltavam a me pedir ajuda e, novamente, eu os perdoava.)

O Sapo é um aventureiro temerário, um solitário, um eterno adolescente. A Toupeira e a Rata começam o livro com espírito de adolescentes mas sua sabedoria aumenta à medida que aumenta sua experiência; para o Sapo cada saída é um eterno retorno às mesmas ações caprichosas e às mesmas façanhas irresponsáveis. Se nós, os leitores, gostamos do Sapo (embora eu não goste), é em nossa qualidade de espectadores; adoramos sua atuação de palhaço num cenário que ele mesmo desenhou, e seguimos suas desventuras como seguiríamos as de um pícaro encantador. Mas gostamos da Toupeira, da Rata e mesmo do Texugo porque são como nós, iguais nas alegrias e nos sofrimentos. O Texugo é o irmão mais velho de todos nós; a Rata e a Toupeira, os amigos que caminham juntos e amadurecem juntos em sua amizade. São nossos contemporâneos, que renascem a cada geração. Sentimos pena de suas desgraças e nos alegramos com seus triunfos como sentimos pena e nos alegramos com os das pessoas mais próximas e queridas. Durante os últimos anos de minha infância e adolescência, seu companheirismo representava para mim uma relação exemplar, e eu desejava compartilhar seus *déjeuners sur l'herbe* e ser parte de sua fácil *complicité*, da mesma forma que os outros leitores desejam sentir o amor de Matilde ou viver as aventuras de Simbad.

Pois *The Wind in the Willows* não é uma fantasia, e não deve ser confundido com uma obra de literatura fantástica. De fato, é surpreendente a agudeza com que Grahame conseguiu fazer com que suas criaturas fossem totalmente incríveis para nós. Os animais de Esopo ou de La Fontaine, Attar ou Quiroga, Günter Grass ou Colette, Orwell ou Kipling, têm ao menos uma pata num mundo simbólico (ou pior, alegórico); os animais de Grahame são de carne e pelo e sangue, e seus traços antropomórficos, misteriosamente, não diminuem, e sim realçam sua natureza animal.

Já disse antes que cada releitura de *The Wind in the Willows* confere textura e significado a minha experiência de vida; que cada vez que me confronto novamente com o desdobramento familiar de sua história sinto uma felicidade nova. Isso se deve a que *The Wind in the Willows* é um livro mágico. Há algo em suas páginas que volta a enfeitiçar o mundo, tornando-o, uma vez mais, maravilhosamente misterioso. Invejo o leitor que está prestes a começá-lo, que ainda não entrou nessa paisagem convidativa e quem ainda está por conhecer esses companheiros de uma vida inteira.

Hora de fechar nos jardins do Ocidente: Cyril Connolly

"Também poderíamos imaginar a cena."
"Não, minha mente se recusa a isso."
"Minha mente faz algo pior. Ela a interpreta."
Ivy Compton-Burnett, A Family and a Fortune

Cyril Connolly foi reeditado. Lembro-me de tê-lo lido nos últimos anos de minha adolescência e de ter me perguntado como alguém podia escrever assim, com fragmentos e ideias inconclusas, permitindo que seus pensamentos (e os do leitor) se abrissem em mil direções ao mesmo tempo, e, no entanto, dando a seus textos uma sensação de coerência espantosa. Era como ver alguém pensar. Hoje em dia, os escritos de Vila-Matas e de Stan Persky causam-me a mesma impressão.

Como fórmula para o fracasso, a primeira linha de *The Unquiet Grave*, o outrora famoso "ciclo da palavra" de Cyril Connolly, é insuperável: "Quanto mais livros lemos, mais percebemos que a verdadeira missão de um escritor é criar uma obra-prima, e que nenhuma outra tarefa tem importância". Se gravamos essa frase sobre o lintel do estúdio de qualquer escritor, teremos acabado com toda a sua empresa, pois o que é esse ofício tacanho das palavras senão a tentativa tola de capturar uma fugaz intuição do mundo entre uma maiúscula e um ponto final? Sem dúvida, em algumas, raríssimas ocasiões, esses propósitos elevados podem ser alcançados: pode-se pensar em Milton, que queria que "lhe ordenassem" um tema digno, ou em Dante, convencido de que "Minerva sopra, e Apolo me conduz". Mas, na maioria dos casos, um inconstante grupo de leitores distribui os prêmios e pouco se importa com as boas intenções do escritor ou com a verdadeira função da literatura. Connolly, que se situava firmemente ao lado dos leitores, sabia disso, claro, o que torna esse pronunciamento ainda mais escandaloso.

Se ele mesmo tivesse levado suas palavras a sério, teria se dado melhor tentando introduzir o *camembert* e os *escargots* comestíveis nas cozinhas inglesas, como um de seus estrambóticos antepassados, porque nenhum de seus livros alcança o patamar da obra-prima, independentemente do que tenha significado para ele essa etiqueta tão utilizada pelos redatores de contracapas. Desconfio que ele gostou da sonoridade pesada da frase (ainda não tinha quarenta anos quando começou a escrever o livro, e ainda se via como um eterno adolescente), mas também sabia que seu talento não consistia em redigir palavras, e sim em resgatá-las da página. Durante toda a vida admirou Sainte-Beuve, que via, com toda a razão, como um reflexo seu no continente europeu, como um *connoisseur* de conhecimentos muito superiores aos dos artesãos cujas obras queria elogiar. Quando lia (e nos contava o que e como lia) ele era notável; quando cunhava frases para um epigrama, suas tentativas eram equivocadas ou tolas, ou ambas as coisas.

"Um crítico", pronunciou, "é um instrumento que registra certas observações. Antes que o leitor possa julgar seu valor, deve conhecer bem a exatidão desse instrumento, para poder calcular a margem de erro." A primeira parte dessa definição parece correta, mas não estou certo sobre a segunda. Creio que muitos dos comentários críticos de Connolly soam apropriados, mesmo sem saber nada sobre quem era ou quais eram, segundo ele expressava, as "teorias e ilusões comuns a nossa classe, nossa raça, nossa época". Podemos rastrear a educação, as crenças religiosas ou a filiação política de um crítico; uma crônica de suas vicissitudes talvez lance luz sobre o motivo de ter escolhido tal ou qual comparação, ou determinadas palavras de carinho ou desdém. Mas, em geral, a presença ou a ausência de sentido e a clareza de sua paisagem visual dependerão dos sinais e das placas de sinalização que ele mesmo dispôs, das clareiras que ele mesmo abriu na mata. De que nos serve, na hora de julgar as críticas de Connolly, descobrir que ele tinha lêmures como mascotes, que quando era pequeno adorava o cheiro do excremento de insetos e que só quatro de seus doze escritores favoritos escreviam prosa (Petrônio, Montaigne, Flaubert e Proust)? Num artigo sobre Auden, conta-nos que, certa vez, depois de discutir sobre a relação difícil que Connolly tinha com seu pai, Auden o aconselhou firmemente a enfrentá-lo.

> Pouco depois jantei com meu pai no Soho, algo que sempre lhe agradava, e na volta pedi ao táxi que parasse em minha casa em Chelsea (ele morava em South Kensington). Ele esperava, sem dúvida, ser convidado para um *brandy* e um dedo de prosa, mas eu me despedi abruptamente e dei ao taxista seu endereço. Agarrado a suas duas bengalas de cerejeira com pontas de borracha, com as pernas cruzadas, de mocassim, já que a artrite o impedia de agachar-se para amarrar os cadarços, levou a mão ao bigode grisalho enquanto uma lágrima rolava por sua face. Não sei qual dos dois se sentiu mais infeliz.

Se Cordélia tivesse presenciado o modo como Goneril rejeitava seu pai, a cena não poderia ser mais comovente; mesmo assim, de que nos serve isso para entender melhor o elogio jubiloso que Connolly faz da poesia de Auden? Fossem quais fossem as razões extraliterárias que o animavam, Connolly queria que suas críticas literárias fossem lidas pelo filtro de sua biografia, pelas confissões de seus primeiros amores e dos relatos de seus primeiros despertares intelectuais, avatares sociais e viagens. "Sempre senti desgosto por mim mesmo, a todo momento, e a soma de todos esses momentos é a minha vida", escreveu em sua autobiografia, *Enemies of Promise*. É provável que, quando menino, mimado e pomposo, fizesse as pessoas sentirem que essa pobre opinião sobre si mesmo era justificada. Ao que parece, Eton e Baillol têm, ao menos no âmbito da literatura inglesa, a tradição de terem produzido um tipo de cavalheiro gordo, esnobe, que solta com frequência citações famosas, vive com culpa sua homossexualidade, bebe vinho de boas safras, possui uma língua viperina e adora viajar: Connolly era um exemplar esplêndido dessa espécie. Para sobreviver à escola, declarou, era preciso "uma mistura de entusiasmo com covardia moral e senso social". Ele tinha as três coisas. A primeira característica, pelo menos, foi-lhe proveitosa naquela que seria a carreira de toda a vida, a de crítico literário, primeiro no *New Statesman* e no *Observer*, mais tarde em *Horizon* (que ele mesmo fundou) e no *Sunday Times*.

Selected Works, de Connolly, editado por seu filho Matthew em dois alentados volumes, serve esplendidamente para introduzir novos leitores no saco de gatos de seus escritos, e para lembrar a antigos leitores o porquê de ele ser frequentemente considerado "brilhante" por inteligências agudas como as de W. H. Auden e V. S. Pritchett. Lá estão, completos, *Enemies of Promise* e *The Unquiet Grave*. Lá estão seus contos satíricos, um tanto desafinados. Lá estão algumas de suas meticulosas crônicas de viagem e, sobretudo, seus ensaios literários. Se Connolly requer um monumento, abra esses volumes e *circumspice*.

Tanto ao escrever sobre literatura em tempos de guerra ("Descobrimos o que precisamos quando temos de nos virar sem o que pensamos precisar") quanto ao se referir aos filisteus e às artes do pós-guerra ("Decline junto comigo/ o pior ainda não chegou"), Connolly sempre destaca sua fé na importância essencial do ato intelectual e estético. Seu pior defeito (que ele confessou e que nós agradecemos) era "um olho muito ruim para o grandioso, a incapacidade de engolir fantasias fabulosas numa escala colossal". Seus ensaios sobre Pound, Eliot, Joyce e Beckett (escritos no momento da publicação dos *Cantos*, de *The Waste Land*, de *Anna Livia Plurabelle* e de *Watt*) resistem a segundas leituras pela sabedoria precoce que revelam, e é útil que Connolly nos lembre o quanto Hemingway parecia compassivo numa época, o quanto e. e. cummings soava audaz em seu tempo. Os colecionadores amadores de livros irão gostar de seu artigo sobre a produção de "raridades artificiais" (como as caras edições limitadas de *Finnegan's Wake*) que Connolly encerra com esta definição memorável do que uma biblioteca particular deveria representar para um leitor comum: "Um memorial ao tipo de escritor que ele gostaria de ter sido". Delícias como essa são abundantes em sua obra e insinuam como teria sido essa obra-prima que ele nunca escreveu. William Boyd assinalou que "quase tudo o que Connolly escreveu era elegante e inteligente, informado e apaixonado". Também antecipatório, acrescento eu. Ler Connolly pode voltar a ser uma atividade saudável agora, nos dias sombrios e loucos deste novo século. As famosas linhas que escreveu para o vigésimo e último número de *Horizon* repercutem hoje com uma atualidade inquietante: "É hora de fechar nos jardins do Ocidente, e de agora em diante um artista será julgado apenas pela ressonância de sua solidão ou pela qualidade de seu desespero".

A leitura de Connolly faz com que nos sintamos gratos pelo prazer de tão brilhante companhia e, se mais não fosse, por certas frases certeiras e comoventes, como estas palavras acrescentadas à conclusão de seu artigo de 1946 sobre *O estrangeiro* de Camus, que todo aquele que questione a utilidade dessa coisa chamada literatura deveria saber de cor: "Não basta amar a vida, devemos ensinar todos os outros a amá-la, devemos entender que a felicidade é a consciência, e que a consciência é uma só, que todas as suas manifestações são sagradas, e que é graças a essas novas gerações de romancistas e poetas em todos os países que algum dia aprenderemos isso".

Cassandra na Inglaterra:
a visão profética de H. G. Wells

"Ele viu sua infinita beleza, e sua imaginação se elevou sobre as coisas às quais ele agora ia renunciar para sempre."

H. G. Wells, The Country of the Blind
(*versão de 1904*)

A declaração de um gênero implica, para o leitor, a perda de certas liberdades. Até que um rótulo condene um livro à literatura policial ou infantil, à autoajuda ou ao romance de espionagem, podemos nos aventurar em *The Moonstone* de Wilkie Collins ou em *A ilha misteriosa* de Júlio Verne, em *Self-reliance* de Emerson, ou no *Ashenden* de Somerset Maugham, sem guias nem regras oficiais, estendendo as fronteiras de cada livro até os limites inalcançáveis de nossa imaginação. Mas, a partir da definição genérica, todo texto deixa de ser onipotente para transformar-se em exemplar, resignando-se a seguir, inovar ou a romper as convenções estabelecidas.

Parece estranho, mas para os primeiros leitores de H. G. Wells, suas obras fantásticas não foram exemplos notáveis de

182

literatura de ficção científica, e sim meros romances — excelentes, divertidos, originais, até premonitórios, mas nem por isso menos literários. A expressão *science fiction* não foi empregada até 1926, quando a inventou um inspirado editor americano, Hugo Gernsback, fundador da revista *Amazing Stories*, para definir o tipo de história que lhe agradava, na qual às maravilhas da ciência do início do século xx se uniam os antigos temores, visões e desejos de nossas primeiras literaturas. Naquela data, Wells já completara sessenta anos e já publicara o melhor de sua obra. Os jovens autores de ficção científica patrocinados por Gernsback reconheceram em Wells (e em Júlio Verne, em Poe, em Mary Shelley e até mesmo em Swift e em Voltaire) seu precursor. Sem querer, Wells se transformou num clássico do novo gênero.

Não era isso que se havia proposto. Filho de um fracassado comerciante inglês que fora jogador de críquete profissional, o jovem Wells quis ser o que hoje chamaríamos de escritor engajado, um crítico de sua sociedade, um romancista satírico e filosófico, em parte herdeiro de Voltaire e em parte de Platão e dos livres-pensadores do século xviii.

Para ganhar a vida, ainda adolescente, primeiro trabalhou numa loja de tecidos e depois como professor, estudando de noite até conseguir, aos dezoito anos, uma bolsa para o Colégio de Ciência de South Kensington, em Londres. Sob a influência de um de seus professores, o naturalista T. H. Huxley, e de intelectuais socialistas que conheceu na Fabian Society (entre eles George Bernard Shaw), começou a escrever ficções científicas e ensaios filosóficos. Esses primeiros anos lhe pareceram árduos e intermináveis; não conseguia publicar seus escritos e, como se não bastasse, ficou tuberculoso. Numa carta a um colega, escrita em 1886, deu conta do lento progresso de sua carreira:

183

1. Relato Vendido 1 *lb*
2. Romance, 35 mil palavras Para a fogueira 0 *lb*
3. Romance inacabado, 25 mil palavras Para a fogueira 0 *lb*
4. Muita poesia cômica Perdida 0 *lb*
5. Várias prosas cômicas Enviadas, sem resposta
6. Ensaio cômico Enviado ao *Globe*, sem resposta
7. Vários contos Para a fogueira
8. Um conto Passeando
9. Um poema Para a fogueira

Apesar de sua impaciência (ou talvez graças a ela), conseguiu publicar dois contos na revista do colégio: "A Tale of the Twentieth Century" e "The Chronic Argonauts". Três anos mais tarde, em 1891, um de seus ensaios foi finalmente lido e recomendado à importante *Fortnightly Review*. O leitor era Oscar Wilde e Wells jamais esqueceria sua dívida para com ele.

"The chronic argonauts" contém a semente do que seria seu primeiro romance, *The Time Machine*, publicado em 1895. A crítica recebeu o livro com grande entusiasmo e Wells decidiu que desde aquele momento ganharia a vida como escritor. A *The Time Machine* seguem-se *The Island of Dr. Moreau, The Invisible man, The War of the Worlds, The First Men on the Moon, The Food of the Gods*, e os magníficos contos reunidos sob os títulos *The Stolen Bacillus and Other Incidents, The Plattner Story and Others, Tales of Space and Time, Twelve Stories and a Dream, The Door in the Wall*.

Esses livros de Wells, que a partir de uma base científica propõem argumentos fantásticos, mas sempre verossímeis, foram lidos por vários de seus primeiros críticos como uma negação do espírito imperialista, autocomplacente e altivo. Para eles, as histórias de Wells eram premonitórias: anunciavam o fim da época vitoriana e do falso senso de segurança das classes endinheiradas. Se Dickens, George Eliot e Elizabeth Gaskell mostraram a seus leitores a Inglaterra das fábricas e prostíbulos, e Kipling e Conrad a face escura do glorioso império, Wells desdobrou diante deles a visão do mundo um dia depois da festa, aquilo que esperava por eles se não mudassem as condições presentes. Nesse sentido, pode-se dizer que Wells é, para os ingleses, o primeiro escritor do século XX.

Desde seus primeiros livros, Wells despertou em seus leitores a sensação de viver à sombra de um pesadelo iminente. Um de seus resenhistas mais experientes, R. A. Gregory, comparou em 1898 *The War of the Worlds* às invenções de Jonathan Swift.

Um exemplo notável de como a ficção se revela verdadeira é a história dos satélites de Marte. Quando o decano Swift escreveu *As viagens de Gulliver* (publicado em 1726), fez com que os astrônomos da ilha de Laputa observassem não só os dois satélites, mas também que estes se moviam ao redor do planeta em menos tempo do que ele mesmo requer para girar em torno de seu eixo. Como todo estudante de astronomia sabe, os satélites só foram descobertos em 1877, e um deles gira três vezes em torno de Marte durante cada rotação do planeta. A coincidência é espantosa. Esperamos, para a tranquilidade mental dos habitantes da Terra, que o sr. Wells não possua a visão profética que Swift mostrou possuir.

Gregory não se inquietava em vão. Wells tinha uma "visão profética", ao menos no sentido de que previu nossa corrida lenta e cega rumo à própria destruição, e a facilidade com que voltamos a condutas terríveis e bestiais, a nossos temores pré-históricos e a nossos preconceitos imemoriais. Quando seu homônimo, Orson Welles, produziu para a rádio americana, em 1938, uma versão dramatizada do romance, os ouvintes, espantados, acreditaram que a invasão de Marte estava ocorrendo na realidade e se lançaram às ruas numa histeria coletiva que demonstrou, por um lado, o poder dos meios de comunicação modernos e, por outro, o medo visceral em relação ao estrangeiro, seja este, ao longo do tempo, marciano, negro ou judeu, ou ainda (diríamos hoje) marroquino.

Essa visão profética, no melhor da obra de Wells, está a serviço de dois temas essenciais, sempre encarados sob ângulos diferentes. O primeiro diz respeito ao poder (e ao perigo) da ciência. O segundo é a reivindicação dos direitos do homem e da mulher. Neste último campo são menos conhecidos (mas igualmente esplêndidos) romances como *Tono-Bungay*, cujo protagonista é um antepassado do *Terceiro homem* de Graham Greene, um empresário venal que faz sua fortuna vendendo um medicamento inútil e perigoso; *Ann Veronica*, que narra a história de uma mulher que escapa da tirania dos homens para escolher seu próprio destino; *Love and Mr. Lewisham* e *The History of Mr. Polly*, comédias cujos heróis são homens comuns que se rebelam contra a sociedade que os denigre e desnaturaliza. Tanto em seus romances realistas quanto em suas fantasias, o leitor entende que a tarefa dos seres humanos (tarefa imensa, talvez impossível) é construir a melhor de todas as sociedades possíveis. Para Wells, nossos limites são físicos e intelectuais, mas podemos ampliá-los por meio de um intelecto mais sofisticado e uma ética mais aguda, que nos permitirá evitar as armadilhas da mentira e ser generosamente honestos conosco e com nossos congêneres. "A verdade", escreveu Wells, "tem o poder de se erguer através das fendas da História."

Essa confiança num mundo melhor nunca foi, para Wells, uma certeza religiosa, como a que professaram seus ancestrais protestantes; segundo Wells, o responsável por nossas vitórias e nossas injustiças não era um deus, mas nós mesmos, capazes de compaixão e entendimento, mas também culpados de crueldade e cobiça. Esse afastamento da fé de seus pais ocorreu quando ele

186

era muito jovem, e, em virtude de um sonho, Wells relata o episódio em sua autobiografia:

> Aos sete anos eu já era um leitor precoce, e num velho número da revista *Chambers* li a história de uma pobre criatura quebrada na roda. Fui para a cama e tive um pesadelo assustador, no qual minha mente deu um salto racional. Pulei todas as etapas intermediárias do assunto. Sonhei que o próprio Deus Todo-Poderoso era quem quebrava o homem na roda. Porque essa era a consequência lógica da ocorrência do fato. O Todo-Poderoso era responsável pelo mundo inteiro; tanto do mal que há nele quanto do bem. Esse sonho foi a resolução perfeita de minhas angústias. Soube que Ele, o terrível Ele, era impossível. Restava-me resolver ainda uma série de problemas filosóficos menores, mas eu não acreditei mais em Deus Todo-Poderoso.

Anos depois, informou sua mãe de sua decisão. A mulher começou a chorar, conta Wells, mais por razões sociais que religiosas.

"Expliquei-lhe que eu era um 'ateu', palavra aterradora para ela, tão injuriosa quanto uma blasfêmia. 'Meu querido!', exclamou. 'Não me diga algo tão espantoso!' E depois, como era uma típica protestante, encontrou consolo. 'Ainda que isso seja melhor do que se você tivesse sido capturado por esses Velhos Padres', disse."

O deus que tortura o homem na roda aparece, sob diferentes máscaras, ao longo de toda a obra de Wells, não mais como divindade negada, e sim como criatura que engendra pesadelos: é o dr. Moreau em sua ilha, incapaz de entender a dor das criaturas nas quais faz suas experimentações; é o invasor de *The War of the Worlds*, para quem a vida dos outros, os seres humanos, não conta; é cada Morlock que explora os delicados Eloi em *The Time*

Machine; é o ambicioso Uncle Ponderevo em *Tono-Bungay*. Esses seres demoníacos fazem suas vítimas sofrerem, mas também lhes permitem demonstrar suas qualidades mais decentes e gloriosas. Em Wells, as vítimas podem redimir (às vezes) seus próprios sofrimentos. Um de seus relatos, por ser inimitável, merece um comentário individual. Refiro-me a "The Country of the Blind", texto que pertence a esse punhado de histórias que não parecem ter sido criadas por um único autor, e sim terem surgido, inteiras, daquilo que C. G. Jung chamou de inconsciente coletivo, com raízes em nossos primeiros temores e descobertas. É a tragédia do profeta, do artista, do visionário, daquele que, por entender o que os outros não entendem, por ver o que os outros não podem ver, é condenado ao escárnio. É o eleito que deve sofrer o martírio, como o definiu certa vez Jean-Paul Sartre. "Gênio é aquele a quem o dedo de Deus esmaga contra um muro."

Wells publicou uma primeira versão do conto em 1904. Três décadas e meia depois, mudou o final. Em 1939, no prefácio às duas versões do conto reunidas pela famosa Golden Cockrel Press, Wells ofereceu esta explicação a seus leitores:

Sempre tive um sentimento incômodo acerca desse conto; percorri-o mentalmente na cama, durante meus passeios e em outras ocasiões inadequadas, até que por fim pus mãos à obra e dei-lhe um enfoque inteiramente novo [...]. A ideia central, a de que um homem dotado de visão cai num vale de cegos e comprova a falsidade do ditado "em terra de cego, quem tem um olho é rei", continua sendo a mesma em ambas, mas o valor atribuído à visão muda profundamente. Mudei-o porque houve uma mudança na atmosfera do mundo que nos cerca. Em 1904, a ênfase era posta no isolamento espiritual daqueles cuja visão era mais clara que a de seus congêneres, e na tragédia de sua incomunicável apreciação da vida.

O visionário morre, um pária que não encontra outra forma de libertar-se de seu dom a não ser com a morte, e o mundo cego continua, invencivelmente seguro e satisfeito de si mesmo. Mas na versão mais recente, a visão se transforma em algo muito mais trágico; já não é uma história de beleza desatendida e de libertação; o visionário observa como a destruição cai e se abate sobre todo esse mundo cego que, no fim das contas, ele conseguiu suportar e até amar; vê-o claramente, e não pode fazer nada para salvá-lo de seu destino.

O jovem Wells acreditou que o mundo procurava se libertar da mentira, escapar do jugo que se havia imposto, compartilhar um ideal de felicidade inteligente. Acreditou que o ser humano podia melhorar a si mesmo, mas, à medida que o tempo passava, tendo sido testemunha de duas guerras mundiais, seu otimismo decaiu. Pouco antes de morrer, em 1946, declarou: "O que agora está evidente é que a vitalidade do mundo diminui. Os anos, os dias, prolongam-se; a mente humana continua ativa, mas procura e não chega a nada a não ser a conclusões e mortes. Este escritor (lembrem-se, porém, de sua idade) vê o mundo como um lugar exausto, incapaz de se recuperar". O Wells octogenário compartilhou o desalento de seu protagonista na terra dos cegos; mas não seus leitores, que podem ler (e continuarão lendo) com entusiasmo e esperança suas aventuras iluminadas.

Anatomista da melancolia:
Robert Burton

Há livros que, mais do que unidades, são bibliotecas, compêndios que, sob a aparência de um ensaio, abarcam uma pluralidade de gêneros e temas. Os exemplos são muitos: em língua espanhola, a *Silva de varia invención*, de Pedro Mexía; em francês, os *Essais*, de Montaigne; em italiano, *Il zibaldone*, de Leopardi; em árabe, o *Fihrist*, de Al-Nadim; em inglês, a *Anatomia da melancolia*, de Robert Burton. Quem os percorre tem a impressão de estar entrando no meio de uma multidão, num corredor de espelhos, numa selva; de estar lendo não um livro, mas uma infinidade de volumes com diversos textos reunidos, quase ao acaso, sob as mesmas capas generosas.

Dê-me um pouco de tempo e em breve eu irei expor diante de seus olhos um estupendo, vasto, infinito oceano de incrível loucura e insensatez: um mar cheio de barreiras e rochedos, areias, golfos, euripos, e marés contrárias, cheias de monstros aterradores, de formas rudes, ondas rugientes, tempestades e calmas sereias, mares alciônicos, misérias indescritíveis, tamanhas comédias e tragédias, ataques tão absurdos e ridículos, tão ferozes e lamentáveis, que eu não sei se irão despertar pena ou zombaria, ou, quem sabe, consideração, mas que diariamente vemos sendo praticados em nossa época, exemplos recentes, novas novidades, objetos recentes de miséria e loucura dessa espécie, que ainda nos são representados, no exterior, em casa, no meio de nós, em nosso peito.*

Como Robert Burton teria desejado, *Anatomia da melancolia* é mais célebre que seu autor. Burton quis ser anônimo e resignou-se a ser quase invisível. Embora tenha revelado sua identidade no epílogo da primeira edição de *Anatomia* (epílogo que não foi impresso nas várias edições subsequentes), no começo sua intenção foi ocultar seu nome sob um pseudônimo ao mesmo tempo célebre e modesto, "Demócrito Menor". O ilustre filósofo grego foi, segundo o próprio Burton, "um homem pequeno, minguado e velho, muito melancólico por natureza",** o que convinha ao tema que Burton se propunha a tratar; ao se dar o epíteto de "Menor", Burton dá a entender que, humildemente, considera-se menos douto que o antigo mestre que, segundo a tradição, tirou a própria vista deliberadamente "para ver melhor" e, cego, escreveu sobre todas as matérias possíveis.

Para Burton, o tema escolhido e anunciado devia bastar para seu público; ocupar-se de saber quem era o autor era começar a bisbilhotar. "Caro leitor", dizem as primeiras palavras desse lúcido tratado, "imagino que você ficará muito curioso para saber qual é o ator bufão ou mascarado que tão insolentemente invade esse teatro, comum aos olhos do mundo, atribuindo-se o nome de outro homem, de onde ele é, o que ele faz e o que ele tem a dizer." Pois não vou lhes dizer, diz Burton. "Não procure o que

* "Democritus to the Reader".
** Idem.

191

está oculto; se o conteúdo lhe agrada, e é útil para você, tome-o pelo Homem na Lua, ou por quem mais você gostaria que fosse o autor; por mim, eu não gostaria de ser conhecido"*. A criação, não o criador, é o que lhe importa.

Fiel a tal vontade de anonimato, o *Oxford Companion to English Literature* lhe dedica cinco míseras linhas, nas quais somos informados de que Robert Burton nasceu em 1577 e morreu em 1640, que foi educado em Oxford e foi reitor de Segrave em Leicestershire.** A esses dados descarnados podemos acrescentar que estudou em Brasenose College, Oxford, que foi eleito membro vitalício de Christ College na mesma cidade universitária, e que ali levou, até sua morte (segundo ele mesmo nos diz), uma vida "silenciosa, sedentária, solitária", estudando matemática, teologia, astrologia, magia, medicina e literaturas grega e romana. Durante certo tempo foi vigário da igreja de St. Thomas. Em 1606 escreveu uma comédia, *Philosophaster*, composta, como mais tarde seu *Anatomia*, em latim, obra menor que imita o *Alquimista* de Ben Jonson e que foi encenada em Christ Church em 1618. "Não sou pobre, não sou rico, não há nada aqui, mas nada está faltando", diz com precisão no prólogo de *Anatomia*. "Tenho pouco, não quero nada: todos os meus tesouros estão na torre de Minerva."***

Burton escreve nas primeiras décadas do século XVII, durante a grande época de mudanças na Europa, quando a cosmologia vetusta de Aristóteles começava a ser substituída pelas observações atrevidas de Galileu. Em universidades como Oxford, no entanto, ambas as teorias do universo continuavam a ser estu-

---

* Idem.
** Margaret Drabble (ed.), *The Oxford Companion to English Literature*, Oxford, Oxford University Press, 1985.
*** Idem.

dadas obstinada e simultaneamente: a primeira, como uma versão anedótica e lendária do cosmos, a segunda como uma visão renovada, obtida graças aos novos instrumentos científicos e a métodos empíricos inovadores. O novo século não respeitou as tradições escolásticas. As bibliotecas medievais, seguindo o modelo de jardinagem imaginado por Richard de Fournival no século XIII, tinham dividido e ordenado o mundo do conhecimento em três "canteiros" bem definidos — a filosofia, as chamadas "ciências lucrativas" e a teologia —, e cada um destes, por sua vez, em outros "canteiros" menores. Para os estudiosos do início do século XVII, tais categorias eram demasiado restritivas. Questões de ética demandavam o apoio de fórmulas matemáticas, a teologia devia recorrer aos métodos da música e da geometria, a história ou o direito precisavam fazer uso das regras de gramática e retórica. O homem inteligente podia se interessar por todas essas temáticas, e não apenas por meio dos livros. Seu campo de ação devia ser também o foro público, a corte, o claustro ou a universidade.

A sorte destinou para Burton o mundo universitário e suas bibliotecas. "Se eu tivesse de ser um prisioneiro", confessou, "e se pudesse ter um desejo, gostaria de não ter outra prisão além dessa biblioteca, e de ficar acorrentado junto com tantos autores bons e mestres falecidos."*

Universitário, erudito, leitor, Burton escolheu como tema de estudo a melancolia, ampla matéria que abarca, por sua vez, vastos campos de conhecimento e cujas manifestações o fazem dizer, um pouco aflito: "A Torre de Babel jamais causou tanta confusão de línguas quanto este caos de melancolia causou tamanha variedade de sintomas".** Para Burton, o universo é um

---

* *Anatomia*, 2:2:4.
** "Democritus to the Reader".

museu de exemplos melancólicos, de todo gênero e classe, ainda que de diferentes graus. O homem, que depois da Queda se transformou num ser informe e frágil, é propenso à senilidade, ao frenesi, à loucura, à hidrofobia, à licantropia, ao êxtase; leva em seu corpo toda espécie de humores naturais que são, por sua vez, cada um deles, regidos por um misterioso planeta. A melancolia, produto da bile negra, é regida por Saturno, e pode ser causada por um sem-número de motivos, de um equivocado temor a Deus a um apaixonado enamoramento da carne, passando por feitiços, encantamentos, pela posição das estrelas, a natureza de nossos pais, uma dieta mal equilibrada, a solidão, a indolência, a falta ou o excesso de sono, a imaginação vívida demais, a vergonha, a inveja, o ódio, a luxúria, o gosto pelo jogo, o excesso de estudo, o amor-próprio, a vaidade, a calúnia, a troça, a escravidão, as prisões, a pobreza, a morte de um amigo, a deformação do corpo. Tendo em vista tal número de razões, não há uma única melancolia, mas várias. Shakespeare, um quase contemporâneo de Burton, faz o pedante Jaques dizer em *As You Like It*:

> Não sofro da melancolia do estudioso, que é a emulação; nem da do músico, que é fantasia; do cortesão, que é orgulho; do soldado, que é ambição; do advogado, que é política; da dama, que é amável; do amante, que é todas essas; sofro de uma melancolia mais própria, composta de muitas simples, destilada de muitas coisas.*

Burton assina sua obra em 5 de dezembro de 1620 em Christ Church. No ano seguinte, o livro aparece traduzido para o inglês, "a língua vulgar", para cumprir (diz Burton) com as exigências

---

* William Shakespeare, *As You Like It*, IV:I.

dos "livreiros mercenários"* que começam a reclamar por não poderem vender um número suficiente de obras em latim, que só os mais cultos leem. Para dar a seu livro a impressão de rigor intelectual, Burton o apresenta em três partes, cada uma das quais se divide numa infinidade de seções que parecem seguir (nos quadros sinópticos que as precedem) uma lógica estrita. Felizmente, o leitor percebe rapidamente que não é assim. As três partes maiores se ocupam de três grandes temas. Na primeira, Burton define a melancolia, suas causas e sintomas. Na segunda, analisa os tratamentos para curá-la. Na terceira, dá uma profusão de exemplos de melancolia amorosa e religiosa. Mas em cada parte, cada seção, cada subseção, Burton se esquece de sua ordem e se lança à busca de um detalhe que de repente lhe interessa, espraia-se por um tema aleatório, divaga e se deixa levar por uma ideia alheia ao tema central do livro, mas que sua imaginação generosa capta. Por isso a *Anatomia* é composta de resumos históricos, considerações filosóficas, anedotas literárias, mitos e lendas, citações poéticas, informações científicas, meditações teológicas, pareceres médicos e divertidas digressões sobre temas tão variados como a anatomia humana, os espíritos visíveis e invisíveis e a natureza do ar. Tais apartes fazem a delícia do leitor, que assim aprende uma infinidade de coisas memoráveis e inúteis: como as árvores são capazes de se apaixonar, de que maneira os demônios podem assumir forma humana, como um jovem esteta desposou uma estátua de mármore, qual é a fórmula para purgar a mente de seus pesadelos.

O enorme campo da melancolia (e todos os seus estados miméticos) adquire em cada época seu próprio vocabulário. A riqueza de termos usados por Burton reflete (e lhe permite explorar) inúmeros aspectos mais ou menos relacionados a seu te-

---

* Idem.

ma; no final do século xvii, esse tesouro linguístico vai se reduzindo. No século xviii, por exemplo, a melancolia se vê restrita a um vocabulário filosófico, e seu significado se limita a um defeito cognitivo. Assim Immanuel Kant divide as "doenças da alma" (como ele as denomina) em desordem mental ou mania, e hipocondria ou melancolia, esclarecendo que esta última deriva seu nome "do guincho da cigarra no silêncio da noite", um ruído que perturba a paz interior de que precisamos para dormir.* Essa etimologia curiosa subjaz à dupla qualidade de desfalecimento e força criativa que os românticos dão à melancolia ou *spleen*. "Encontrei a definição de beleza", escreve em 1877 Baudelaire em seu diário. "É alguma coisa ardente e aflita [...], voluptuosa e triste, que abre caminho para a melancolia, a lassidão e mesmo a saciedade."** Para Baudelaire, para o século xix, a melancolia é uma das raízes da criação artística; no início do século xx, Freud define a melancolia como consequência do luto, da perda da mãe, como "o impossível luto pelo objeto materno".*** Gradualmente, a condição melancólica se vê substituída por um diagnóstico mais severo: o da depressão clínica. Julia Kristeva, no entanto, escrevendo quatro séculos depois de Burton, recusa-se a diferenciar melancolia e depressão. Ambas, diz ela, caracterizam-se por uma "intolerância em relação ao objeto perdido", sem que o sujeito possa encontrar saída do estado depressivo no qual se refugiou. E Kristeva pergunta: "Esse estado anímico é uma linguagem?".

Para Burton, a resposta é, sem dúvida, afirmativa. À complexidade de tal estado de alma (o estado melancólico ou depres-

---

* Immanuel Kant, "Acerca de las facultades cognitivas", em *Antropología desde un punto de vista pragmático*, 1973.
** Charles Baudelaire, *Journaux intimes* (1887), Paris, A. Van Bever, 1920.
*** Sigmund Freud, "Duelo y melancolía", 1917.

sivo) deve corresponder uma linguagem igualmente complexa, que possa explorar suas infinitas variações por meio de uma infinidade de pseudossinônimos, e interrogar-se sobre a pletora de exemplos encontrados, informando-se sobre centenas de detalhes circundantes. Fiel ao estilo barroco, a prosa de Burton oculta seu centro para melhor revelá-lo por meio de metáforas, volutas, adornos, glosas, comentários, de maneira que o ponto focal, embora esteja tacitamente presente na leitura, desaparece sob um acúmulo de astúcias verbais e considerações filosóficas. Burton escreve (ou traduz para si mesmo) num inglês maravilhosamente latinizado, de uma sensibilidade resolutamente entremesclada, de uma riqueza e colorido admiráveis, cuja sensualidade inquietaria a Igreja da Contrarreforma.

Menos de três décadas depois da morte de Burton, Thomas Sprat, bispo de Rochester e decano de Westminster, emite o seguinte julgamento em seu *History of the Royal Society of London*:

> [Os acadêmicos da Royal Society] foram muito rigorosos ao proporcionar o único remédio que pode ser encontrado para curar tal extravagância, ou seja, a firme resolução de rejeitar toda amplificação, digressão e proliferação de estilo, e voltar à brevidade e pureza primitivas, quando os homens expressavam um certo número de coisas utilizando um número quase igual de palavras. Exigiram de seus membros uma forma de falar discreta, sem adornos, natural, com expressões categóricas, sentidos claros e desenvoltura nativa, aproximando-se o mais possível da parcimônia da matemática, e preferindo a fala dos artesãos, dos camponeses e mercadores à dos eruditos e estudiosos.*

---

* Citado em Suzanne Jill Levine, *The Subversive Scribe*, Saint Paul, Graywolf Press, 1991.

Burton é consciente de sua "extravagância", mas persiste nela. A seu empenho devemos a impressão de infinitude que seu livro proporciona. Reduzido à "parcimônia da matemática", Burton teria legado às gerações futuras não um tesouro filosófico, anedótico, linguístico, mas um mero panfleto científico que vê na melancolia, como nossos médicos veem a depressão, não um estado complexo do corpo e da mente resultante de uma infinidade de causas e causador de uma infinidade de sintomas, mas um incômodo desequilíbrio químico cujo anódino remédio é o Prozac.

Elogio do inimigo: Javier Cercas

"Coelho aqui, herói ali, é o mesmo homem."
Louis-Ferdinand Céline, Viagem ao fim da noite

O gênero épico, em nossos dias, é vítima da indiferença. À *Ilíada*, nosso novo século prefere a *Odisséia*: o regresso angustiante do guerreiro nos interessa mais que o relato detalhado de suas batalhas. Apesar (ou talvez em virtude) dos prolongados conflitos armados a que submetemos o mundo durante o último século (durante vários dos últimos séculos), já não vemos a guerra como algo glorioso. A vitória transformou-se numa palavra de reprovação, ambígua, no melhor dos casos; já a derrota parece ser o resultado menos ignóbil da batalha.

A Guerra Civil Espanhola ilustrou vigorosamente essa inversão de valores. A lição de que Hitler e Mussolini foram derrotados está tão arraigada que é difícil lembrar que, pelo menos na Espanha, o fascismo triunfou e que o aliado daqueles dois inomináveis, o generalíssimo Francisco Franco, morreu cercado de honras oficiais, em sua própria e cômoda cama, apertando o bra-

199

ço murcho de santa Teresa, a quem pediu com devoção que intercedesse para evitar que ele tivesse a mesma sorte dos seres humanos. A santa se negou.

O fascismo ganhou, mas a Espanha parece, de alguma forma, ter superado esse resultado vergonhoso, e, depois da morte do ditador, restabeleceu os valores republicanos num regime que, de monárquico, só conserva as formas. Jaime Gil de Biedma (citado no espantoso romance de Javier Cercas *Soldados de Salamina*) comentava que "de todas as histórias da História, a mais triste sem dúvida é a da Espanha, porque acaba mal". Cercas questiona essa afirmação e prefere se deter na ambiguidade da própria história, explicitada no título de seu livro. Segundo Heródoto, no ano 480 a.c., um punhado de soldados gregos derrotou o exército persa de Xerxes em Salamina; Cercas não nos diz de que lado estão os "soldados" de seu título.

Um bom exemplo dos papéis complexos desempenhados por heróis e vilões na tragédia espanhola é o destino dos irmãos e poetas Machado, Manuel e Antonio, que fugiram separadamente através de um país devastado pela guerra, como Cercas narra nas primeiras páginas do livro. "Manuel foi surpreendido pela rebelião de 18 de julho em Burgos, zona rebelde; Antonio, em Madri, zona republicana. É razoável supor que, se estivesse em Madri, Manuel teria sido fiel à República; talvez seja ocioso perguntar o que teria acontecido se Antonio estivesse em Burgos", escreve Cercas. Implicar ou sugerir que a lealdade a um ou outro lado é circunstancial, que lutar pela República ou por Franco poderia ser uma questão de horários de trem e não de fé e sangue, e que o que importa, acima de tudo, é como um indivíduo se comporta em suas decisões diante da vida e da morte, é um duro golpe no conceito estabelecido de fidelidade política. "E o que é um herói?", pergunta Cercas em seu livro. "*Je ne sais pas*", responde seu interlocutor.

Alguém que pensa ser um herói e acerta. Ou alguém que tem a coragem e o instinto da virtude, e por isso nunca se equivoca, ou pelo menos não se equivoca no único momento em que importa não se equivocar, e portanto não pode *não* ser um herói. Ou quem acha, como Allende, que o herói não é o que mata, mas o que não mata ou se deixa matar.

A história dos Machado é um microcosmo da ambição narrativa de Cercas. O que ele tenta contar é outra história, mais íntima e ao mesmo tempo mais vasta: o destino curioso de Rafael Sánchez Mazas, cofundador da Falange, aristocrata e poeta. Após escapar milagrosamente de ser fuzilado pelas derrotadas tropas republicanas que batiam em retirada rumo à fronteira francesa, um soldado republicano o descobre quando tenta se esconder sob uns arbustos. O soldado lhe aponta o rifle, mira em seus olhos e depois grita ao comandante: "Por aqui não tem ninguém!". Sánchez Mazas sobrevive e se transforma numa figura de prestígio na Espanha franquista. O nome de seu salvador continua desconhecido.

A meio caminho entre o romance e o documentário, Cercas se dispõe a revelar os detalhes desse incidente. Entrevista sobreviventes de guerra que conheceram Sánchez Mazas, lê documentos extensos em busca de uma pista que o ajude a resolver o mistério, corrige cuidadosamente o retrato de um homem que lamentava o desaparecimento dos antigos tempos cavalheirescos e imaginava que a poesia podia mudar o mundo e que, espantosamente, via em pessoas como Mussolini algo que se aproximava do ideal grego do filósofo estadista, e cuja vida foi salva graças à piedade anônima de um soldado que era seu inimigo.

Talvez toda grande épica se preocupe mais com os detalhes secretos e secundários de sua crônica do que com o resultado da batalha, sem fazer distinção entre o corpo ensanguentado de Pátroclo e o corpo ensanguentado de Heitor, e que centre seu inte-

201

resse nas façanhas heroicas *per se*, sem atentar para as desculpas dadas para cometê-las. Talvez o soldado desconhecido de Cercas não tenha agido por nenhuma outra razão que não a bondade de seu próprio ato, para além de quaisquer considerações de causalidade, poder, justiça ou vingança, apenas a partir do núcleo essencial de nossa humanidade compartilhada. Quando Atena, exultante, diz a seu protegido Ulisses que Ajax, seu inimigo, foi amaldiçoado e sofrerá desgraças intermináveis, Sófocles põe na boca de Ulisses algumas palavras comoventes, que subitamente dão ao herói grego uma nobreza muito superior à daquela deusa sábia e sanguinária: "Esse infeliz homem pode muito bem ser meu inimigo, no entanto tenho pena dele ao vê-lo aflito com os infortúnios. Na realidade, meus pensamentos se voltam mais para mim do que para ele, pois percebo claramente que todos nós, os que vivem sobre esta terra, não passamos de fantasmas ou sombras incorpóreas".

Até o momento, a maior parte da literatura espanhola sobre a Guerra Civil ocupou-se de estabelecer diferenças claras entre o correto e o incorreto, entre o bem e o mal, entre a resistência e a colaboração, o banho de sangue e a esmagadora ditadura que o sucedeu. Cercas parece menos interessado nessas proclamações óbvias do que no segredo dos detalhes esquecidos e dos gestos individuais, tanto entre os vencedores quanto entre os vencidos. Ao centrar-se nessas minúcias, renunciando ao espetáculo hollywoodiano, Cercas conseguiu, com um livro perfeitamente elaborado, redimir sozinho o gênero épico.

Famous Last Words: Timothy Findley

P: Por que sempre temos de disfarçar a verdade de ficção?

R: A verdade se esgueira por qualquer porta que encontre.

Timothy Findley, Inside Memory

A história, segundo Timothy Findley, não é o que nos contam, mas o que nós contamos. Criamos a crônica de nosso passado por meio de palavras e, porque usamos palavras, a história se favorece e padece de todo tipo de êxitos e armadilhas da literatura. Em meio à onda colossal de datas, nomes, personagens, eventos, ditas e desditas que se quebra contra nosso presente, escolhemos aquilo que nos serve para contar uma história, esperando que um começo, um meio e um fim deem coerência a essa onda. Como o Deus da Bíblia, criamos a realidade por meio de palavras. Inventamos enredos para nosso passado e então dizemos: "Foi isso o que aconteceu".

"O que aconteceu" em *Famous Last Words* foi a Guerra. "Uma guerra", diz o narrador de Findley, "é só um ruído — o fedor da morte —, um panorama, seja ele amplo ou breve, dos escombros — e um motivo de lamentação... A guerra é somente um lugar no qual estivemos exilados de nossos melhores sonhos." Essa história, então, é sobre exílios, sobre homens e mulheres perdidos num lugar de pesadelo, no qual eles obedientemente se movem, sem entender o propósito ou a meta de seus movimentos. "Não sabia bem como contar essa história", confessou Findley em *Inside Memory*, uma coletânea de textos de seu diário publicada em 1990,

> até perceber que, se eu fosse Homero, teria percebido que essa não era apenas uma história sobre homens e mulheres — mas sobre homens e mulheres e deuses a quem eles obedeciam —, e que seria mais bem contada por meio da evocação de ícones. Então, o que preciso fazer é transpor essa história, que é História, em outra clave — que é a mitologia.

O modelo mitológico escolhido por Findley é o da *Ilíada*, a guerra épica a partir da qual deriva, consciente ou inconscientemente, quase todo o imaginário ocidental sobre a guerra. Findley parece estar dizendo que cada uma de nossas guerras (seja entre ingleses e alemães, entre democracia e fascismo, entre classes altas e baixas) é uma guerra entre gregos e troianos, que, aos olhos de seu cronista literato, dissolve-se em histórias da vida privada de homens e mulheres singulares, todos se debatendo sob os caprichos e paixões de deuses enlouquecidos.

A história de Findley surgiu muito antes de ele encontrar seu bardo. Durante meses, a narrativa se desenvolveu de modo tão complicado e extenso que Findley foi obrigado a pendurar na parede de seu estúdio um grande gráfico para acompanhar a evolução de seus muitos personagens. Por fim, tornou-se evidente que ele precisava de uma voz central para dar à massa de personagens e acontecimentos certa coerência primordial. Findley conta que releu Ezra Pound, e que se debruçou novamente sobre *Hugh Selwin Mauberley*, a coleção de poemas semiautobiográficos publicada por Pound em 1920. Findley percebeu que o poeta-herói ficcional cujo nome deu título ao livro poderia lhe emprestar a voz que procurava. O *Mauberley* de Findley seria seu Homero, encarregado de transformar a gente escolhida por Findley de assunto de colunista social em heróis de uma ficção literária, de meras figuras históricas em ícones mitológicos. "Homero foi capaz de elevar essa imagem ao plano do ícone", assinala Findley, e então imaginou: "Mas Mauberley consegue fazer isso com *sua* gente?".

Se a mitologia que empresta a espinha dorsal a *Famous Last Words* é antiga, o vocabulário mitológico utilizado para contar a história é moderno. Mrs. Simpson é uma Helena meio insatisfeita, atrelada a um Páris titubeante e destinada a ser salva por vários Menelaus brutais ou virtuosos. Dessa forma, Helena e Páris são Mrs. Simpson e Edward VII; os belicosos Hera e Zeus são Churchill e Hitler; Atena enlouquecida é Ezra Pound; o assassino Aquiles é o nazista Harry Reinhardt que, em vez de um calcanhar denunciador, exibe sapatos de crocodilo e afundará uma picareta no olho de Mauberley, deixando-o tão cego quanto o Homero descrito pela tradição, assassinando-o — um poderoso giro narrativo que permite a um personagem sobrepor-se a seu autor, posto que Reinhardt existe para nós apenas na narrativa de Mauberley, como palavras na parede.

As transposições de Findley não são simples renomeações. Como a mitologia viaja pelo tempo, certos aspectos de seus personagens vêm à tona, ao passo que outros retornam à escuridão, adquirindo novos sentidos ou perdendo seu poder. Como Findley intuía, cada época escolhe sua própria versão das lendas antigas e as reencena de acordo com seus próprios recursos e desejos. Em *Inside Memory*, Findley escreveu:

Nunca se afaste dos recursos da mitologia — que estão no limite da realidade, por sua maneira de utilizar a realidade apenas como um ingrediente — como uma linha mestra para cada uma das histórias. Um mito não é bem uma mentira, mas somente a verdade num contexto maior. Seus gestos são mais abrangentes. Sua voz é projetada para vencer distâncias. Seu rosto é feito de contidas, imaginosas sombras, e linhas, e cores. É o teatro absoluto das intrigas humanas. Às vezes os deuses são adicionados, porque é o único palco no qual os seres humanos podem se igualar a eles. Mas, naturalmente, os deuses nunca serão superados por ninguém, a não ser por outros deuses.

E mesmo assim, o reconto de um mito não garante seu reconhecimento. Como Findley admite, uma leitura contemporânea raramente é capaz de discernir as nuances e os tons mais sutis da história reencenada, e sobra muita coisa para as futuras gerações decifrarem. Os leitores mais perspicazes de Homero se encontram no futuro, e o relato de Mauberley mal é vislumbrado por aqueles que o seguem e leem seu texto pela primeira vez. Os soldados do U. S. Seventy Army — o capitão Freyberg, o tenente Quinn, o sargento Rudecki, a recruta Annie Oakley — tornam-se endereços obrigatórios para as famosas últimas palavras de Mauberley, mas são incapazes de apreender a verdadeira natureza do drama que Mauberley testemunhou. Mesmo Quinn, designado para perseguir o texto do começo ao fim, ou Freyberg, para quem todas as histórias foram matizadas por sua descoberta das atrocidades em Dachau, têm apenas uma vaga ideia da imensidão da história, seus ecos remotos e seu interminável alcance. Eles leem o que já sabem, a única versão da história que reconhecem. O âmago da saga de Mauberley permanece indecifrado. Mesmo assim, Findley parece sugerir que uma interpretação mais profunda e sutil pode ser tentada.

A escolha de Mauberley (criação autobiográfica de Pound) como narrador é deliberadamente perturbadora, mas não surpreendente na obra de Findley. Pound aparece em pelo menos uma história ("In the Cage") e numa peça ("The Trials of Ezra Pound") como o personagem irresoluto e irresolúvel do grande artista que encarna o papel de traidor. Supõe-se que Mauberley tenha sido o "grande escritor americano", mas no texto lido por Quinn só ocasionalmente a escrita "grandiosa" permeia a quase rígida crônica de eventos. Cenas que Mauberley não pode ter testemunhado seguem considerações e reflexões íntimas, como se, nas paredes em que ele escreveu sua saga, Mauberley fosse transformado de um talentoso escritor num deus onisciente.

Mas Mauberley não é um narrador imparcial. Desde o início, parece estar do lado mais obscuro, mais questionável do conflito. Por que então descrever a guerra insensata do ponto de vista de alguém que defendeu as políticas de Hitler e Mussolini, de um escritor que, apesar de talentoso (como o *New York Times* se refere a Mauberley), passou "uma quantidade enorme de tempo com a aristocracia dissoluta de uma Inglaterra apagada e o bando moralmente falido que manobra a elite, um barco salva-vidas naufragando numa Europa dominada pelo fascismo"? Essa, claro, é exatamente a finalidade de Findley. "Eu reconheço que neste inferno microcósmico," diz Mauberley, "a época em que vivi estava sendo definida, e se eu quisesse escrever eu teria, então, de me obrigar a ser uma testemunha dessas vidas e desses eventos e deste lugar."

Do ponto de vista de alguém que parece ser um admirador do poder absoluto, alguém disposto a colaborar com o estabelecimento de um governo-marionete no qual o duque e a duquesa de Windsor farão o papel do rei e da rainha, disposto a tomar parte numa conspiração que, por meio do código "Penélope", aguarda o momento certo para soltar as rédeas de seu plano maligno sobre o mundo, disposto a sacrificar sua escrita para uma trama barata de personagens paródicos, Findley pode dar à história uma profundidade muito maior do que se tivesse escolhido um Homero convencionalmente bom e justo. Mauberley é o transgressor absoluto, político, sexual e artístico. Ele se aliou aos fascistas, é sexualmente ambíguo, sua ambição literária "para descrever a beleza" é obstinadamente contra o atual "rugido da linguagem empolada e retórica", e é por meio dessas transgressões que Findley pode seguir Mauberley ao âmago do conflito sem permanecer na consentida superfície documental do horror. Escolhendo Mauberley, Findley se permite não uma vista aérea da situação, mas um panorama visto pelos olhos de uma criatura faminta, assombrada e entocada, em conflito com o mundo e consigo mesma. "O que pessoas com fome de poder fazem", diz Findley numa entrevista a David Ingham, "pode ser abarcado muito genericamente por meu uso do termo 'fascista', porque acredito que o fascismo é isto: todas as pessoas com fome de poder absoluto podem tocar o resto das pessoas ali onde as deixam famintas para fazê-las poderosas também, mas não, elas não podem se tornar poderosas sem essas poderosas pessoas emblemáticas executando coisas para elas, e em nome delas." Ou seja, os heróis troianos com fome de poder nunca poderiam ser poderosos sem os deuses poderosos mexendo seus pauzinhos.

Na versão atualizada de Findley sobre o sítio de Troia (o Grand Elyseum Hotel, que, na mitologia moderna, emprestou seu nome do celebrado filme com Greta Garbo), Mauberley, o contemporâneo ficcional de Pound e T. S. Elliot, escreve nas paredes de seus aposentos a história que causará seu próprio fim, sem nenhuma esperança em sua própria salvação, criando a realidade a partir de suas lembranças, ou do que ele pensa se lembrar, fabricando uma verdade que ele sabe irá se apagar sem um único som, que será lida e traduzida e julgada pelos que virão depois dele, e que então será deixada a esfarelar-se em pó como as paredes do próprio hotel. "É assim que o mundo acaba", escreveu Eliot em "The Hollow Men": "Não com uma explosão, mas com um suspiro" — uma frase que Pound repetiu em seu "Canto 74": "com uma explosão não com um suspiro", para depois acrescentar: "Para construir a cidade de Dioce, cujos terraços são da cor das estrelas". Dioce era um rei de Medan que, após ser feito líder pelo povo em virtude de seus julgamentos justos, constrói a cidade visionária que parecia um paraíso terrestre. Pound, admirador de Mussolini, imaginou que o ditador italiano criaria, como Dioce, um Estado ideal após o cataclismo da guerra. O mundo futuro vagamente imaginado pelo Mauberley de Findley é mais próximo de um arquétipo mitológico, da grandiosa cidade de Troia destruída pelos gregos, que renasce não como um Estado ideal qualquer, mas como um símbolo. Nas palavras de Mauberley, bem no final do romance:

Imagine algo misterioso que vem à tona numa tarde de verão — mostra-se e desaparece antes que possa ser identificado... No final da tarde, sua forma — o que quer que tenha sido — só pode ser vagamente recordada. Ninguém pode garantir que tenha sido exatamente assim ou assado. Nada pode ser dito sobre seu tamanho. No final a aparição é rejeitada, transformando-se em algo vagamente imaginado: medonho, mas irreal... Então, o que quer que tenha vindo à luz submerge novamente sem um nome: uma forma que passa vagarosamente por um sonho. Despertos, todos nós nos lembramos de sua presença chocante, enquanto do outro lado da razão uma sombra adormecida no crepúsculo sussurra: "Eu estou aqui. Eu aguardo".

O que é aquela forma, aquela coisa meio vista, aproximando-se da consciência e depois desaparecendo, a "contida, imaginosa sombra" antes mencionada? O próprio Pound parece dar a chave diversas vezes em seus poemas, como ao dizer, no final do manuscrito de seu "Canto CXVI": "Um pouco de luz, como um lampejo, para retornar ao esplendor", para então advertir: "Se não há amor na casa, não há nada". Para tanto, pode parecer que, para deixar o amor entrar, Findley abre fendas invisíveis nas portas da sua ficção.

Famous Last Words reúne e aprimora diversos temas e recursos caros a Findley: a figura de Pound, as sombras das Grandes Guerras, a morte injustificada de animais, as linhas separadas que apontam o fim inconcluso de um parágrafo para deixar espaço para a resposta do leitor. Acima de tudo, o aparecimento e o desaparecimento de uma revelação, um motivo que percorre o trabalho de Findley como uma linha vital, adquire em *Famous Last Words* uma importância esmagadora. Uma intuição súbita, uma epifania surpreendente, o vislumbre de uma solução, suspensas por um momento perante a gente de Findley, são somente um relance fugaz de suas visões. Reiteradamente seus personagens vão se dar conta de algo ou chegar a alguma conclusão apenas para descobrir que o que parecia ser uma resposta é somente uma outra pergunta, e que a porta de saída está obstruída. Aquela coisa emergindo no mar da visão de Mauberley (como o iceberg vagando pelas páginas de abertura do *The Telling of Lies* de Findley) mostra somente uma parte de si mesma, um fragmento atormentado da realidade que diz, como Mauberley: "Tudo o que escrevi aqui é verdade: a não ser as mentiras". Nessas partes ocultas chafurda alguma coisa que deve permanecer sem nome, como a resposta de um enigma no próprio enigma. Como Findley bem sabia, a ficção pode nomear qualquer coisa exceto sua própria verdade. A tarefa sem palavras é a do leitor.

Algumas palavras no quadro-negro: Alejandra Pizarnik

> *A poesia é uma religião sem esperança.*
>
> *Jean Cocteau*, Journal d'un inconnu

Conheci Alejandra Pizarnik em Buenos Aires, em 1967, cinco anos antes de sua morte. Eu lhe pedira que colaborasse numa antologia de textos que pretendia continuar a história interrompida de *A Winter's Tale* de Shakespeare: "Havia um homem que morava ao lado de um cemitério". Ela concordou e elaborou um texto esplêndido, chamado "Los muertos y la lluvia". O livro jamais foi publicado, mas graças a esse encontro nos tornamos amigos. Ela tinha dez anos a mais do que eu e, no entanto, parecia a mais jovem dos dois. De fato, Alejandra sempre parecia mais jovem que todos os demais, em parte por ser pequena, miúda e ter um olhar travesso, o cabelo muito curto e os dedos sempre em movimento, e em parte por falar com a convicção de uma criança, apontando verdades simples que todos os outros eram adultos demais para destacar.

Alejandra vivia num apartamento minúsculo no centro de

Buenos Aires. Viajara a Paris (uma viagem que continuou alimentando sua imaginação muito tempo depois de sua volta e durante a qual conheceu Julio Cortázar e André Pieyre de Mandiargues, duas figuras fundamentais em sua vida), mas, depois daquela peregrinação, raramente deixou a clausura das quatro paredes onde escrevia, dormia (mal) e se reunia com os amigos. Junto a sua escrivaninha ela colocara uma frase de Artaud: "*Il fallait d'abord avoir envie de vivre*" ("É preciso, acima de tudo, ter vontade de viver").

Havia muito poucos móveis naquele quarto: a escrivaninha, uma cama, alguns livros e um pequeno quadro-negro em que trabalhava seus poemas, como uma escultora cinzelando um bloco de pedra que, ela sabia, continha poucas palavras, essenciais e preciosas. Todo o seu ofício se resumia a alcançar aquele núcleo que permanece oculto dentro de uma complexa massa de pensamentos, imagens, intuições, desmontando um argumento poético para chegar a seu denominador essencial. Escrevia frases no quadro-negro e depois, dia após dia (ou noite após noite, quando não conseguia dormir), apagava-as palavra por palavra, substituía algumas, descartava outras, até que, finalmente e à custa de um grande esforço físico, permitia que um ou dois versos subsistissem, duros e brilhantes como diamantes, e então os copiava em seus cadernos com a letra minúscula e regular de uma colegial. "Escrever é dar sentido ao sofrimento", anotou Alejandra em seu diário em novembro de 1971.

Os judeus têm uma expressão — "sofremos o mundo" — que minha avó gostava de usar, acompanhando-a, em geral, de um longo suspiro. Alejandra sofria o mundo de forma visceral: fisicamente, quando a asma a impedia de respirar normalmente e ela ficava deitada na cama, sufocando durante longas noites de insônia; e mentalmente, porque estava convencida de que seus vizinhos a perseguiam batendo de propósito nas paredes e fazendo barulho para mantê-la acordada, e angustiando-se com o que sentia como a ausência de sua mãe. "Renunciar a encontrar uma mãe", escreveu num outro dia, talvez tentando se consolar.

Tudo o que fazia parecia seguir um método de redução, seja quando tentava entender o sofrimento de seu corpo e de sua mente, seja quando punha em palavras as iluminações de sua arte. Aplicava as regras de sua poesia à sua psicanálise, tentando encontrar o que chamava de "núcleo estético" em sua doença, e permitia que as verdades surgidas de seu inconsciente se destilassem na página. Também em suas leituras procurava encontrar um centro: com sua voz rouca e ofegante discutia um conto de Kafka ou um poema de Olga Orozco, uma anedota de Silvina Ocampo ou um recurso estilístico de Borges, o erotismo de *La Chartreuse de Parme* ou uma frase de Alphonse Allais, como se seguisse uma espiral ascendente até chegar ao ponto focal. Um dia, como se fosse a coisa mais evidente do mundo, recitou-me um verso de Michaux que resumia essa busca do núcleo: *"L'homme, son être essentiel, n'est qu'un seul point. C'est ce point que la mort avale"* ("O homem, seu ser essencial, é apenas um ponto. É esse ponto que a morte devora").

Mas ela percebia claramente que nem mesmo essas táticas de sublimação conseguiam chegar muito perto da verdade central do que tentava dizer. "Pensei num gênero literário apto para meus poemas e creio que pode ser o de *aproximações* (no sentido de que os poemas são aproximações da Poesia"), escreveu numa carta de 1969. Ela aceitava essas limitações como parte do destino de um poeta.

Apesar dos sofrimentos, a lembrança mais nítida que tenho de Alejandra é seu humor. Embora visse o mundo como um lugar monstruoso e inóspito, essa visão lhe provocava angústia e, ao mesmo tempo, uma risada quase extática, um júbilo semelhante ao que provocam a literatura do absurdo e o *humeur noire* dos surrealistas. Fosse revivendo a atroz história da condessa Bathory, de Valentine Penrose, ou comentando os pesadelos eróticos de Georges Bataille, Alejandra via a brincadeira que havia por trás do horror, a colossal estupidez da condição humana. Chegava a zombar da dor que ela mesma sofria. "Terror de estar bem", confessou em seu diário, "de ser castigada por todo minuto em que não me angustio."

Durante sua curta vida, Alejandra publicou oito pequenos livros que ganharam lugar fundamental na poesia em espanhol. Seus precursores foram os poetas árabe-andaluzes da Idade Média, e também Quevedo, San Juan de la Cruz e Sor Juana; mais tarde acrescentou a estes suas leituras de Rimbaud, Yves Bonnefoy e dos surrealistas franceses. Até que, por fim, criou um vocabulário poético único. Embora se possam perceber ecos dos espanhóis do Século de Ouro e dos jogos complexos da poesia francesa do século xx no fundo de sua escritura, esses elementos jamais adquirem uma presença fundamental. O estilo de Alejandra é ascético demais, exigente demais para intromissões dessa espécie, e as palavras que decide levar à página devem superar rituais severos de expurgação. Como nos contos de fadas, só a algumas das que sobrevivem a tais provas terríveis é permitido, finalmente, viver felizes para sempre.

Em seu diário, em 30 de outubro de 1962, depois de uma citação do *Quixote* ("mas o que mais agradou a Dom Quixote foi o maravilhoso silêncio que em toda a casa havia"), Alejandra escreveu: "Não esquecer de suicidar-se". Em 25 de setembro de 1972 ela se lembrou.

V.

PESSOAS E LUGARES

"E ela tentou imaginar com que se parece a chama de uma vela quando a vela se apaga."

Alice no País das Maravilhas, *capítulo I*

A última morada de Van Gogh

*"Você poderia me dizer, por favor", disse Alice, um pouco timi-
damente, "por que está pintando essas rosas?"*
Alice no País das Maravilhas, *capítulo VIII*

Auvers-sur-Oise é uma cidade de fantasmas. Em meio a ve-
ranistas, peregrinos e amantes da arte do mundo todo que visi-
tam Auvers passeiam, com seus cavaletes e suas caixas de pintura, grupos de artistas mortos há muito tempo que, um século
atrás, desembarcavam toda semana na pequena estação de trem.
Alguns são lembrados com admiração: Cézanne, Corot, Pissarro.
Outros, como o talentoso Charles-François Daubigny, que em
sua época foi um artista famoso, hoje são pouco mais que uma
nota de rodapé na história da arte e um busto no centro da cidade. E muitos outros, que inscreveram seus nomes nas telas com
tanta ambição e cuidado, permaneceram no esquecimento. Ao
longo das ruas serpeantes de Auvers ou à beira do rio, nos arredores da imponente igreja ou no cemitério sombrio, os visitantes
podem intuir aqueles fantasmas inquietos, com seus aventais

manchados de óleo e suas boinas, tentando chamar sua atenção para um prado, uma árvore, uma casa que algum dia captaram a atenção do pintor, e que, apesar de duas guerras mundiais e de inúmeros projetos imobiliários, continuam ali, imutáveis. De qualquer modo, a presença que se sente com mais força, acima de todas as outras, é a daquele gênio visionário, angustiado e empobrecido que chegou no verão de 1890 a Auvers e morreu nessa cidade nove semanas depois, ferido por uma bala disparada por ele mesmo: Vincent Van Gogh.

Van Gogh mudou-se para Auvers em busca de um lugar onde pudesse trabalhar e também para se livrar dos pesadelos do manicômio de Saint-Rémy-de-Provence, onde decidira internar-se um ano antes em virtude de suas alucinações. Theo, seu querido irmão, sugerira que ele fosse a Auvers, não só porque era uma conhecida colônia de artistas, mas também porque (segundo Pissarro comentara com ele) lá vivia o doutor Gachet, um homem que amava a arte, era pintor amador e médico homeopata, e que podia cuidar dele e atendê-lo durante sua convalescença. Van Gogh encontrou um alojamento barato no Café de la Mairie (hoje Auberge Ravoux), onde por três francos e cinquenta por dia lhe ofereciam um pequeno quarto sob as vigas do teto e três refeições. O único remédio para seus acessos de loucura, garantiu-lhe o doutor, era pintar.

No domingo de 27 de julho Van Gogh saiu do café depois do almoço com sua caixa de pintura e seu cavalete. Voltou muitas horas depois do jantar e foi diretamente para o quarto. Quando o bondoso *patron*, monsieur Ravoux, subiu para ver o pintor, encontrou-o na cama, coberto de sangue. Van Gogh lhe disse que havia atirado em si mesmo para que "o sofrimento não dure para sempre". Theo chegou no dia seguinte e permaneceu durante muitas horas junto do irmão. Por momentos, ele parecia ter se recuperado: falava com lucidez e fumava seu cachimbo. Mas apenas dois dias depois, em 29 de julho, à uma e meia da manhã, e ao que parece sem dor, ele morreu.

O quarto de Van Gogh é hoje uma homenagem digna ao artista. Escondido sobre o restaurante, chega-se a ele por uma desconjuntada escada de madeira. Não há nada nele exceto as paredes nuas, nem sequer uma cama ou uma cadeira. A maioria dos visitantes espera ver a cama e a cadeira que se tornaram célebres em seus quadros, mas esses móveis pertencem a outros aposentos, um dos quais, o mais lembrado, encontra-se em Arles. Então os visitantes se veem obrigados a mobiliar o quarto na imaginação, a procurar (como na paisagem de Auvers) a correspondência entre a pedra tangível e as cores evocadas na obra de Van Gogh.

Localizado bem no coração de Auvers-sur-Oise, no caminho obrigatório que sai da estação do trem, hoje em dia o Auberge Ravoux recebe o viajante com a mesma fachada simples e tranquila que exibia um século atrás. Da pequena entrada, onde os pintores devem ter sacudido a terra de suas botas depois de um dia de trabalho ao ar livre, foram retiradas camadas inumeráveis de pintura para deixar visível o verde-limão original que (segundo os anciãos da aldeia) era usado nos bons tempos para espantar as moscas. A escada que dá para o segundo andar tem no patamar uma janela minúscula que se abre para o restaurante, através da qual o *patron*, ocupado no balcão, podia se assegurar de que seus clientes não levassem mulheres para os quartos. E o próprio restaurante é um lugar íntimo, cálido e agradável, com mesas e cadeiras sólidas e sem enfeites, garrafas de vinho e jarras de água que parecem saídas de uma tela impressionista e um aroma penetrante de ervas e cebola, semelhante ao que deve ter recebido Van Gogh em cada almoço e em cada jantar daquele último e longínquo verão. Segundo a filha de Ravoux (que Van Gogh pintou em três ocasiões e que ainda estava viva em 1950), a refeição que serviam ao pintor no *auberge* era a típica daquela época: "Carne, vegetais, salada, sobremesa. Não me lembro de que *monsieur* Vincent tivesse pretensões culinárias. Nunca recusou um prato. Não era um hóspede difícil". Embora hoje em dia o *auberge* seja um monumento ao grande artista morto, Auvers inteira é uma cidade de monumentos. Não apenas os pequenos museus, os nomes espalhados aqui e ali nos letreiros das ruas, parques e cafés, mas a própria paisagem que se estende como o plano de algumas das telas de Van Gogh, como evidência da verdade que ele tentava captar com tanto desespero. O local onde a paisagem está mais preservada é, adequadamente, a zona do cemitério local: as árvores se inclinam com as mesmas curvas vibrantes de suas pinceladas, as nuvens são um reflexo de seus céus elétricos, e os trigais não parecem ter sido tocados desde o momento em que ele os pintou pela última vez, ameaçados por corvos e por uma tempestade iminente. Nenhum visitante de Auvers que tenha observado cuidadosamente um quadro de Van Gogh pode pôr em dúvida a máxima de Oscar Wilde: a natureza imita a arte.

O cemitério é comovente. Hoje, os visitantes daquele recinto quadrado e cercado por uma muralha de pedra, edificado há séculos para proteger os restos mortais dos aldeões finados, são em sua maioria admiradore de Van Gogh, e deixam flores, cartas e todo tipo de oferenda sobre a discreta tumba do pintor e da de seu irmão Theo, que morreu seis meses depois e cujo corpo foi transladado para lá alguns anos mais tarde, segundo a vontade de sua viúva. É um lugar bom para começar uma peregrinação: rumo ao final.

Foi aqui que, em 30 de julho, um pequeno grupo de amigos cercou Theo enquanto baixavam o corpo de seu irmão na tumba. Nesse mesmo dia, poucas horas antes, o caixão fora exibido no Café de la Gare. O doutor Gachet, como última homenagem ao artista que revelara ao mundo sua verdadeira natureza, rodeou o caixão com girassóis e com as telas de seu paciente. Eram muitas, posto que Van Gogh, que não morrera de fome graças à modesta mesada repassada por seu irmão, mal pudera presentear algumas delas, e só conseguira vender um quadro em toda a sua vida. Quase um século mais tarde, com perversa ironia, *Os girassóis* de Van Gogh seria leiloado por quase 25 milhões de libras na Christie's de Londres.

A pouca distância do cemitério, dominando a aldeia, encontra-se a igreja de Auvers. Como Van Gogh era protestante e se suicidara, seu corpo não foi velado no interior do templo que retratara com tanto cuidado. Hoje, quando se contempla esse edifício, sente-se que a visão de Van Gogh se superpõe às linhas retas e aos matizes ocres da pedra, proporcionando-lhe cores e um movimento que talvez não perceberíamos sem sua ajuda. Numa carta a sua irmã, Van Gogh descreveu esse quadro (que agora se encontra no Musée d'Orsay, em Paris), dizendo que sua cor lhe parecia "mais expressiva, mais suntuosa" que a cor de suas pinturas anteriores de outros edifícios. Essa expressividade suntuosa é o que agora espanta os que se aproximam para contemplar o que, não fosse isso, não passaria de uma igreja bastante comum da *campagne* francesa.

O cemitério, a igreja, o próprio povoado com suas ruas sinuosas, seus caminhos sombreados e sua ribeira exuberante oferecem uma confusão agradável entre o passado e o presente. À exceção, talvez, do castelo do século XVII (um confeito imponente, recentemente reformado, que tenta atrair turistas oferecendo um audiovisual à moda Disney intitulado "Viagem à era dos impressionistas"), Auvers inteira é, de certo modo, uma máquina do tempo, que transporta o visitante ao momento em que um grupo de pintores parecia ter descoberto o significado da cor. Ali está o punhado de casas atrás da cabana com telhado de palha, agora desaparecida, que Van Gogh pintou pouco depois de sua chegada. Aqui a residência do bom doutor Gachet, cujos degraus foram pisados pela maioria dos artistas visitantes. Acolá o parque modesto, que agora leva o nome de Van Gogh, com a estátua pouco inspirada do artista, feita por Zadkine. Um pouco adiante, o estúdio de Daubigny, com os impressionantes murais de Corot e do próprio Daubigny. Esses são os pontos principais, mas é a própria aldeia que permanece como uma lembrança do passado, pacífica (apesar do tráfego), sem muita gente (apesar dos turistas), inundada por essa luz particular que Van Gogh tentou refletir em suas telas.

Parece impossível (ou pior, inútil) acrescentar um comentário aos inumeráveis artigos, biografias, ensaios, romances e até canções e filmes que já se produziram na tentativa de explicar a obra de Van Gogh. O que impediu que seus contemporâneos vissem o que agora vemos, a genialidade espantosa que se tornou tão clara imediatamente depois de sua morte? O que comove as pessoas do Ocidente e do Oriente, de todas as idades e experiências, que contemplam esses prados, esses céus, essas casas nodosas e esses rostos transbordantes de cor? Numa de suas cartas a Theo, tentando reconciliar-se com seu sofrimento, Van Gogh escreveu: "Quem sabe a loucura seja saudável porque talvez nos torne menos excludentes". Poderia ter dito que a loucura (que, segundo os gregos, era o dom terrível que os deuses conferiam aos eleitos) lhe havia outorgado, por meio de uma dor inexplicável, o poder de ver e amar tudo, de não excluir nada, e, com sua arte, de incluir todos nós, os seres humanos, nesse dom desesperador da visão "quando a vela se apaga".

A catedral inacabada

*Não trabalhou para a posteridade nem para Deus, de cujas
preferências literárias pouco sabia.*

Jorge Luis Borges, El milagro secreto

A bebida que o centurião compassivo aproximou dos lábios
de Nosso Senhor quando este pendia da cruz era uma fria, refrescante *cava*. Esse detalhe esquecido da história da gastronomia
foi-me contado há muitos anos por um catalão que era ao mesmo tempo ateu e patriota, e que não via contradição em afirmar
que o Deus que ele negava tomara a bebida nacional de sua terra
antes de morrer. Seja por meio da fé ou do orgulho patriótico, os
catalães sustentam ter participado de quase todos os setores da
atividade humana e divina. Segundo a sabedoria catalã, o Jardim
do Éden estava localizado em algum lugar ao norte de Barcelona;
os inventores da poesia lírica foram os trovadores do *gay saber*;
Hércules, filho de Júpiter, nasceu perto da cidade marítima de
Sitges; no século XIII, Jaime, o Conquistador, transformou-se no
precursor da marinha atual; o romance moderno começou em

1490 com *Tirant lo Blanc*, de Joanot Martorell; a Virgem Maria (que podia escolher morar onde quisesse) instalou-se nas neves de Montserrat; a arte moderna começou na Catalunha com Pablo Picasso e Antoni Gaudí. Nos primeiros anos do século XIV, Ramón Llull explicou que a imagem da divindade está gravada em todos os objetos terrenos, e que o caminho Verdadeiro passa da pedra para a planta, desta para o animal e daí para o homem, até chegar ao Criador; como Llull era catalão, com "pedra" ele se referia às rochas da Catalunha. Quase seis séculos mais tarde, Gaudí (misturando alegremente as metáforas) declarou que sua terra natal era o *umbilicus mundi* e a melhor página do "Grande Livro da Natureza". Quando lhe perguntaram por que não viajava com mais frequência, respondeu: "Por que deveria? São os estrangeiros que devem vir mais aqui". E foi "aqui", não em algum espaço elevado e "universal", que Gaudí construiu sua assombrosa, inquietante e inesquecível arquitetura. A obra de Gaudí e sua Catalunha natal são inseparáveis.

É tentador aplicar a falácia patética à tela e à pedra e ver em cada retrato um retrato do artista. Acreditando que se espiarmos atrás da cortina poderemos compreender um ato de magia, esperamos que um *curriculum vitae* lance luz sobre os mistérios de um monumento de Bernini e que uma aula de geografia explique o que é atraente numa paisagem de Corot. Mas esses métodos não nos oferecerão um guia de leitura da obra de Gaudí, que, desde sua morte e até mesmo antes, gerou uma espécie de "*olla podrida*" de avaliações críticas. Cito algumas: Gaudí foi um "santo", uma "fraude", um "iluminado", "o Dante da arquitetura", "o ascético ermitão da arquitetura", um artista de uma "acessibilidade absoluta", um artesão de uma "vulgaridade disneyficada", "generoso e humano", um emblemático catalão com um "olho muito bom para os detalhes" que é "muito japonês", "fortemente católico", criador de uma obra "de uma pureza calvinista". Salvador

224

Dalí o condenou, com um elogio, por sua "*beauté terrifiante et comestible*". Le Corbusier considerava seus desenhos "obras-primas". Muitos visitantes ilustres de Barcelona detestaram seus edifícios. Orwell lamentou o mau gosto dos anarquistas que não explodiram a igreja de Gaudí "quando tiveram a oportunidade"; Evelyn Waugh não considerou que valesse a pena vê-la; Unamuno a chamou de "arte ébria".

Além dessas avaliações contraditórias não há muitos testemunhos úteis, documentos e descrições objetivas que abordem a genialidade de Gaudí. Todos os seus arquivos pessoais e de trabalho foram destruídos no início da Guerra Civil, quando, em 20 de julho de 1936, a cripta da Sagrada Família foi violada e todos os desenhos e modelos do mestre foram queimados ou arruinados. Portanto, a maioria dos admiradores (e detratores) de Gaudí trava o primeiro contato com sua arte por meio da observação pessoal, em geral numa visita a sua obra-prima inacabada, a Sagrada Família de Barcelona, que (alguns têm essa esperança) será completada no ano de 2030, se não se esgotarem os fundos de doação. Ir a Barcelona sem parar na Sagrada Família, conforme o que se diz aos viajantes, é como fazer uma visita a Roma sem dar uma olhada no Coliseu, e todo dia chegam ônibus lotados de visitantes de todas as partes do mundo para tirar uma fotografia daquela que, segundo a Direção de Turismo da Catalunha, é "uma das sete modernas maravilhas do mundo". A primeira visão desse agrupamento selvagem de cones rendados é estupenda. Não há nada em nossa experiência anterior que nos ensine a ler essa bela monstruosidade. Se é uma catedral, então é a catedral de uma visão ou de um pesadelo, e não surpreende sabermos que o envolvimento de Gaudí com sua obra-prima começou com um sonho. Sob a direção do arquiteto diocesano que se oferecera para desenhar as plantas de graça, em 19 de março de 1882 colocou-se a primeira pedra. Mas em pouco tempo começaram os problemas, e antes do final daquele ano tornou-se evidente que a obra precisava de um novo cérebro que a dirigisse. Certa noite, o fundador da associação que arrecadara fundos para sua construção, Bocabella Verdaguer, teve um sonho no qual lhe apresentavam um arquiteto de olhos azuis como seu salvador. Quando, poucos dias mais tarde, no outono de 1883, o sonhador conheceu Gaudí (cujos intensos olhos azuis eram seu traço mais notável), soube ter encontrado seu herói e lhe deu plenos poderes sobre a construção da catedral.

Não há nada que se pareça com a Sagrada Família em nenhum outro lugar da Terra. No entanto, suas formas, mesmo para um recém-chegado, possuem uma estranha familiaridade, lembram vagamente conchas marinhas alongadas, corais devastados ou aquelas montanhas finas que as crianças constroem na praia deixando cair gotas de areia molhada até que se formem alguns picos rígidos e arredondados. O interior, onde as colunas estão inclinadas para evitar a necessidade de contrafortes, causa uma leve sensação de desequilíbrio e, diferentemente do senso de ordem que se encontra numa catedral gótica ou numa igreja de Le Corbusier, de um caos quase incontido. Aqui tudo parece estar em movimento, ou ter parado de se mexer por um instante, como se estivéssemos dentro de uma imensa criatura marinha, rosada e amarela como tijolos que ficaram tempo demais no forno. O espaço interno é como uma extensão de nosso eu itinerante, ou talvez nós é que devamos nos sentir como extensões daquele ser vasto e assustador. A impressão de movimento é ainda mais forte quando chegamos às irregulares escadas em caracol. De dentro de uma das torres (na qual subi pela primeira vez em 1966, no entusiasmo de meus dezoito anos), a sensação é oposta à vertigem: ascendemos em direção ao céu em espiral, com a paradoxal impressão de que estamos caindo. San Juan de la Cruz comentava que havia caído tão profundamente que seu espírito

226

voava alto; esses movimentos aparentemente contraditórios coexistem na arquitetura de Gaudí.

Aquele aguçado sentido do movimento espacial, que Gaudí chamava de sua aptidão particular para "o espaço e a circunstância", ele atribuía tanto a seu avô materno, que era marinheiro, quanto a seu pai, a seu avô e a seu bisavô paternos, que trabalhavam com cobre. Como ele não tinha vocação para seguir o ofício do pai, aos dezesseis anos deixou o pequeno povoado de Reus no qual nascera e se instalou em Barcelona para estudar arquitetura. Naquela época toda a Catalunha, especialmente Barcelona, estava dominada por um movimento artístico nacionalista conhecido como a *Renaixença*, que propunha uma identidade catalã moderna com fortes raízes no passado e, acima de tudo, "liberta da língua castelhana dominante". As características que os revolucionários buscavam soam, a nossos ouvidos pós-franquistas, como tudo, menos como revolucionárias: "economia, honestidade, trabalho esforçado, leldade, amor à família, à natureza e ao lar", noções que repercutem o eco ominoso de "Pátria, trabalho, família". Além dos debates políticos e das associações artísticas, os líderes da *Renaixença* fomentaram organizações exclusivamente masculinas, as "sociedades excursionistas", que promoviam "o esporte, o montanhismo, o croquis, a topografia, as ciências naturais, o interesse pelo território e pelo legado arquitetônico da Catalunha".

Em Barcelona, Gaudí ganhou a reputação de dândi, apesar de aderir à *Renaixença* e de levar uma vida de privações físicas, orações cotidianas e dietas vegetarianas. Descobriu o atrativo das arquiteturas exóticas em catálogos de exposições internacionais e teve aulas de arte medieval nos manuais de Viollet-le-Duc, restaurador de Saint Denis e Notre Dame, com quem aprendeu que "todas as obras-primas do mundo devem ser analisadas e reduzidas a um argumento". Também leu Ruskin e William Morris.

Quando se formou, em 1878, um de seus examinadores declarou o seguinte: "Cavalheiros, estamos hoje na presença de um gênio ou de um louco!". A questão continua até hoje sem resposta. A primeira encomenda oficial feita a Gaudí foi uma série de luminárias monumentais para a Plaça Reial de Barcelona: candelabros de seis braços montados sobre um pedestal de mármore e coroados com o capacete de Mercúrio, para lembrar ao visitante que a principal atividade da cidade era o comércio. Depois disso, as encomendas seguiram-se, rápidas e vultosas. Várias terminaram em fracassos (entre elas uma pequena sala de teatro em Sant Gervasi de Cassoles, um sistema de iluminação para a muralha marítima de Barcelona e um altar para San Félix de Alella), mas os projetos que foram realmente construídos em pouco tempo passaram a ser considerados monumentos polêmicos. Não agradavam a todos, mas eram poucos os que duvidavam de sua importância.

Para Gaudí a ornamentação era tão importante quanto a forma ou a estrutura. Como ele acreditava nos propósitos educativos da arquitetura, cada adorno se transformava num meio de transmitir uma mensagem. Às vezes a mensagem era evidente. Para um de seus projetos iniciais, o desenho de uma das primeiras cooperativas da Espanha, La Matronesa, pintou nas paredes lemas empresariais que refletiam os seus, de modo que os atarefados trabalhadores se esforçassem sob decorativas advertências: "Camarada, seja sensato e pratique a gentileza!" e "Cortesia em excesso é sinal de falsa educação". Às vezes o significado dependia de um vocabulário complexo de símbolos pessoais e religiosos. Embora a ornamentação, conforme sustentava Gaudí, devesse ser fiel às cores da natureza, onde "sempre há um contraste de cor mais ou menos vivo, e por isso devemos obrigatoriamente colorir, total ou parcialmente, todo elemento arquitetônico", os próprios ornamentos deviam ser eminentemente simbólicos, e ele insistia numa profusão de "símbolos densos como árvores". A casa Vicens, uma das poucas obras revolucionárias de estética modernista, exibe uma profusão desses símbolos naturais: calêndulas africanas, girassóis, folhas de palmeiras, cerejeiras, hera, garças e grous. Cada elemento possui também um significado segundo o vocabulário cromático de Gaudí (que reflete, por sua vez, signos e fórmulas do Renascimento católico catalão): o verde representa a fé, o azul a esperança, o amarelo a caridade, o vermelho a paixão, o preto o luto, o púrpura a penitência. Mais tarde, nas ornamentações do parque Güell, por exemplo, Gaudí aplicou esse simbolismo cromático a seus mosaicos compostos de fragmentos irregulares de azulejos e de cerâmica (um método conhecido como *trencadís*).

Para um espectador que se confronta com a primeira fase da obra de Gaudí, "realista" e com a ornamentação abstrata e fragmentária de seus trabalhos posteriores, não surpreende que o jovem Picasso e o velho Gaudí se detestassem. Cada um desses gênios catalães encarnava um paradoxo: Picasso era um romântico cuja estética era indubitavelmente clássica e que tomava todo o cuidado para evitar os floreios românticos; Gaudí era um tradicionalista cujo objetivo artístico era romântico, mas que se negava totalmente a manter as noções estéticas clássicas. Para Gaudí, a forma quebrada estava irremediavelmente quebrada, com seus fragmentos dispersos, e mesmo quando estes eram reunidos em paredes e parapeitos em *trencadís*, o prato, a xícara ou o azulejo feitos de cacos, como Humpty Dumpty, não podiam se recompor jamais, pois Gaudí acreditava que não podia existir nada inteiro nesta terra até o dia da ressurreição. Picasso quebrava a forma terrena como um modo de vê-la melhor, de todos os ângulos, porque para ele era preciso desfrutar a vida no presente; o que vinha depois era apenas pó.

Picasso se negava a conferir um "valor prático" a sua obra;

Gaudí jamais se esquecia da utilização prática de suas criações. O famoso banco serpeante do parque Güell, decorado com *trencadís*, pode ser lido como um extenso pergaminho bizantino que vai sendo desdobrado e no qual Gaudí escreveu seu credo religioso. Mas é importante lembrar que o banco teve seu início como um objeto funcional. Como margeava o teto do mercado, fora construído para que servisse de parapeito e de assento para os viajantes cansados, além de fornecer um filtro para a água da chuva. Naturalmente, devia ser confortável, e para garantir que assim o fosse, durante sua construção Gaudí ordenou a um dos trabalhadores "que tirasse toda a roupa e se sentasse o mais comodamente possível no leito de gesso preparado, para obter a forma perfeita do assento assim que o material se solidificasse".

No entanto, já em 1910 era óbvio que Picasso (ou sua estética) vencera. A "gramática protestante" de Frank Lloyd Wright começou a substituir o exuberante vocabulário católico de Gaudí que dera voz ao *art nouveau*. Os espaços "naturais" do parque Güell e das mansões burguesas como a casa Vicens viram-se gradualmente substituídos pelo estilo industrial da primeira Bauhaus e do *De Stijl*. Politicamente, também, a maré era contrária a Gaudí. Em 1923, o golpe de Estado de Primo de Rivera instaurou uma rigorosa legislação anticatalã cujo objetivo era destruir a Catalunha orgulhosa para a qual Gaudí sempre vivera. Furioso, sozinho e amargurado, continuou realizando com obstinação seu trabalho lento e meticuloso na Sagrada Família; mas, no ano de sua morte, em 1926, atropelado por um bonde que não quis parar, só contava com o apoio da Igreja Católica, e seu único cliente era Deus, que, como o próprio Gaudí disse certa vez, "não tinha muita pressa".

Há certas passagens musicais, certos monumentos, livros, quadros e esculturas, certos lugares que, com o passar do tempo, adquirem uma unidade ou uma presença independente das circunstâncias de sua criação. Existem fora de qualquer presente histórico, de modo que o *Agnus Dei* do *Réquiem* de Fauré ou a torre em espiral de Samarcanda se tornam contemporâneos de seus ouvintes ou espectadores futuros. Os edifícios de Gaudí, especialmente a inacabada Sagrada Família, com toda a sua glória fantástica, distanciaram-se há muito tempo das fragilidades e dos traços de seu criador, e enfrentam seus visitantes sozinhos, como se tivessem surgido da terra já formados, *sub specie aeternitatis*, ao mesmo tempo que lembram a esses assombrados visitantes a natureza humilde e inelutavelmente humana das criações do mestre.

Cândido em Sanssouci

"Eu só queria ver como era o jardim."
Alice através do espelho, *capítulo II*

Viemos ao mundo como animais leitores. Nosso primeiro impulso é decifrar o que percebemos a nossa volta, como se tudo o que existe no universo tivesse um significado. Não tentamos decodificar apenas os sistemas de signos criados com esse propósito — alfabetos, hieróglifos, pictografias, gestos sociais —, mas também os objetos que nos cercam, os rostos dos outros e nosso próprio reflexo, a paisagem em que nos movemos, as formas das nuvens e das árvores, as mudanças no clima, o voo das aves, o rastro dos insetos. Segundo a lenda, a escrita cuneiforme, um dos primeiros sistemas de escrita que conhecemos, foi inventada há 5 mil anos, ao se copiar as pegadas dos pardais no barro do Eufrates, impressões que para nossos remotos ancestrais devem ter parecido menos marcas casuais do que palavras num idioma misterioso e divino. Conferimos estados de ânimo às estações, significado aos cenários geográficos, valor simbólico aos animais.

Seja como rastreadores, poetas ou xamãs, intuímos o desdobrar da natureza num livro interminável no qual nós, como todas as outras coisas, estamos escritos, mas que também somos obrigados a ler.

Se a natureza for um livro, é um livro infinito, pelo menos tão vasto quanto o próprio universo. Um jardim, então, é uma versão reduzida desse universo, um modelo abarcável daquele texto sem fim, glosado de acordo com nossas limitadas capacidades. Segundo o *Midrash*, Deus colocou o homem no Jardim do Éden para "que o enfeitasse e o cuidasse", mas isso só significa que é lá que ele deve estudar a *Torá* e cumprir os mandamentos de Deus. A expulsão do jardim pode ser entendida como um castigo por uma leitura deliberadamente incorreta.

A jardinagem e a leitura vêm sendo relacionadas há muito tempo. Em 1250, o chanceler da catedral de Amiens, Richard de Fournival, concebeu um sistema para catalogar livros baseado num modelo de horticultura. Comparou sua biblioteca a um horto, no qual seus concidadãos podiam colher "os frutos do conhecimento", e dividiu-o em três canteiros de flores correspondentes a três categorias principais: a da filosofia, a das denominadas "ciências lucrativas" e a da teologia. Cada canteiro estava dividido, por sua vez, numa porção de canteiros menores (*areolae*), contendo um sumário do assunto do livro. Fournival fala em "cultivar" tanto seu jardim quanto sua biblioteca.

Não é de surpreender que em francês o verbo *cultiver* conserve esses dois significados: o de trabalhar num jardim e o de se tornar instruído.* O cuidado com nosso jardim, assim como o cuidado com nossos livros, pede, no sentido da palavra *cultiver*, uma devoção, uma paciência e uma persistência equivalentes, e também um senso prático de ordem. *Cultiver* é procurar a verda-

---

* O mesmo acontece em português com *cultivar*: "cultivar a literatura". (N. T.)

de oculta no caos aparente da natureza ou de uma biblioteca e tornar visíveis suas qualidades correlatas. E mais: em ambos os casos, a verdade está sujeita à revisão. Tanto o jardineiro quanto o leitor devem estar dispostos a mudar seus propósitos de acordo com o clima exterior ou interior, a se render às consequências das novas descobertas, a reorganizar, redistribuir, reconsiderar e redefinir, não a partir de noções absolutistas, mas da experiência individual e cotidiana.

Até certo ponto, a Revolução Francesa é resultado de uma perda de confiança no absoluto. Em vez de sustentar que há categorias metafísicas universais que governam a vida humana, que as ideias superam a experiência, ou que as figuras de poder divino têm o direito de mandar sobre os indivíduos, os filósofos da Ilustração francesa preferiam argumentar a favor do que Kant mais tarde denominaria "o imperativo categórico": que cada ato humano, no melhor dos casos, deveria, em princípio, transformar-se em lei universal. Uma conquista esplêndida, embora, talvez, impossível, considerando que, um século mais tarde, Robert Louis Stevenson observaria: "Nossa missão na vida não é acertar, mas continuar a errar com a melhor das intenções".

Voltaire teria concordado. Mais do que qualquer outro filósofo da Ilustração, ele queria que agíssemos como se nós mesmos, e não um mandamento divino, fôssemos responsáveis pelas consequências de nossos atos. Para ele, nenhuma ação humana é independente de outra. "Todos os acontecimentos estão relacionados no melhor dos mundos possíveis", diz o filósofo Pangloss a Cândido no final de suas aventuras. "Se você não tivesse perdido todos os seus carneiros da boa terra do Eldorado, agora não estaria aqui comendo pistaches e cidras cristalizadas." Ao que Cândido sabiamente responde: "Certo, mas temos de cultivar nosso jardim".

O assunto que nos ocupa é, então, o jardim, o palco de nossas atividades essenciais, a natureza transformada no cenário no qual devemos levar a cabo a tarefa humana que nos foi destinada.

O sábio dervixe turco que Cândido consulta no final de suas aventuras não sabe ou não se importa com o que acontece no mundo (por exemplo, com o enforcamento de dois vizires e de um mufti em Constantinopla), tampouco se interessa por questões metafísicas sobre a razão da existência do homem ou pelos problemas do bem e do mal. "Mas, então, o que devemos fazer?", pergunta Pangloss com inquietação. "Calar-nos", responde o dervixe. Calar-nos e agir. "O homem nasceu para a ação, como o fogo tende a subir e as pedras a cair. Não estar ocupado e não existir são a mesma coisa para o homem", argumenta Voltaire contra Pascal. E continua: "Consolemo-nos por não conhecer a relação que pode existir entre uma aranha e os anéis de Saturno, e continuemos a analisar o que está realmente ao nosso alcance".

Para analisar a natureza devemos, portanto, torná-la acessível, dar-lhe uma forma e uma simetria que nossos sentidos possam assimilar. Diante da ordem conceitual de um jardim, podemos fingir ou supor que o lemos: conferimos significado a seus canteiros e divisões, colhemos instrução em seu traçado, deduzimos uma forma narrativa em sua sequência de plantações.

Nesse sentido, cada jardim é um palimpsesto, desenho sobre desenho, estação após estação. Consideremos, por exemplo, o jardim no qual Voltaire passeava durante seus três anos de graça na Prússia: o parque real de Sanssouci. O parque começou a existir em 1715 sob a forma de um horto plantado numa colina nos arredores de Potsdam por ordem de Frederico Guilherme I, sarcasticamente conhecido como Marlygarten, em referência ao luxuoso jardim que Luís XIV possuía em Marly. Em 1744, seu filho Frederico II acrescentou um vinhedo e seis terraços parabólicos para plantar pés de ameixa, figueiras e vides, divididos por 28 janelas envidraçadas e dezesseis teixos podados em forma de pirâmide. Um ano depois, os terraços se estenderam para o sul com o acréscimo de um espaço nivelado com oito canteiros de flores e uma fonte sobre a qual se erguia uma estátua dourada da deusa Tétis e suas acompanhantes. Duas esfinges realizadas por Ebenhech foram acrescentadas, uma década depois, na outra margem do fosso que dava para um terreno de cultivo, e mais tarde levantou-se um parapeito de mármore coroado por uma dúzia de esculturas de crianças para separar um jardim holandês em taludes, dispostos em terraços, de uma pracinha e sua fonte. Além dessa zona, o rei instalou uma gruta de Netuno e um portal com um obelisco, com um pequeno canteiro cada um, ao passo que, do lado oeste, construiu uma casa de chá em estilo chinês, uma deliciosa *follie* desenhada por Büring entre 1754 e 1757.

Todos aqueles canteiros de flores, avenidas, *parterres*, fontes, conjuntos escultóricos, trilhas divididas por sebes, combinam-se para dar forma a uma complexa narrativa: mas, em princípio, o jardim de Sanssouci não tinha outro objetivo senão expressar certa simplicidade, um lugar ao mesmo tempo agradável e útil, um jardim como aquele no qual Deus passeava (segundo nos conta o *Gênese*), "no frescor do anoitecer". Sanssouci era tão plácido que Frederico estipulou (em vários testamentos) que o enterrassem ali. Esse jardim advém de um modelo muito antigo: nos primeiros textos mesopotâmicos não se estabelece nenhuma distinção entre "horto" e "jardim", posto que a função estética não era diferenciada da utilitária.

Em Sanssouci, no entanto, a habitação sucedeu ao cultivo. Um ano depois da implantação do horto, e em virtude da beleza da paisagem, o rei mandou construir um palácio de verão na área, para aproveitar a vista magnífica. Ao que não passaria de um modelo do Éden acrescentaram-se novos episódios arquitetônicos, com subtramas acessórias que complicaram e multiplicaram os itinerários e as perspectivas. No decorrer dos anos somaram-se

236

novos edifícios (tais como as residências dos jardineiros e a Orangerie, mais tarde transformados em habitações para hóspedes) e, ao norte do Castelo Sanssouci, foram construídas ruínas falsas, seguindo o princípio das metáforas barrocas, para esconder o tanque de água que alimentava as fontes do parque. Essas metáforas de pedra esconderam muito bem seu significado central: apenas numa ocasião o rei pôde desfrutar do espetáculo das águas dançarinas, pois o complicado mecanismo que lançava os jatos de água só começou a funcionar completamente no século seguinte, época em que se instalou também um motor a vapor. Mas na época o rei já estava morto e o jardim, com sua concepção intrincada, fora de moda. Três reis mais tarde, Frederico Guilherme IV redesenhou Sanssouci ao estilo dos parques ajardinados italianos que hoje vemos. Mesmo assim, as escritas anteriores ainda podem ser vislumbradas sob os canteiros, as alamedas e as trilhas mais recentes. Como um palimpsesto, o texto original nunca desaparece totalmente.

Na época em que Frederico instalou seu horto em Sanssouci tinha 32 anos. Oito verões antes, quando era um jovem de 24, dera início a uma correspondência com Voltaire, na qual lhe pedia que fosse seu mentor espiritual. "Em todo o universo", escreveu Frederico efusivamente, "não se poderia abrir nenhuma exceção para aqueles dos quais o senhor não quisesse ser mestre." Naqueles tempos, Voltaire era quase vinte anos mais velho do que o monarca e era o filósofo mais célebre da Europa; Frederico, por sua vez, era o herdeiro de uma monarquia europeia secundária. Admirava as ideias de Voltaire, sua prosa, sua poesia, suas obras de teatro e, sobretudo, o fato de ele ser francês. Anos mais tarde, em 1880, Frederico publicaria um folheto (em francês, como os 31 tomos de seus extensos escritos) intitulado "De la littérature allemande, des défauts qu'on peut lui reprocher, quelles en sont les causes, et par quels moyens on peut les corriger" ("Da literatura alemã, dos defeitos que podemos reprovar-lhe, de quais são as causas, e por que meios podemos corrigi-los"), no qual qualifica sua língua natal de *à demi barbare* ("semibárbara"). Para Frederico, a *Kultur* era decididamente francesa.

A juventude de Frederico fora de rebeldia. Seu pai desejava moldar o príncipe à sua própria imagem de *Soldatenkönig*, ou seja, queria transformá-lo num duro guerreiro estadista. Como o experimento fracassou, tentou obrigá-lo a renunciar a seus direitos sucessórios. Por fim, depois de múltiplas humilhações, Frederico tratou de fugir para Paris com um amigo, o tenente Von Katte. Os dois jovens foram capturados: Frederico foi trancado num quarto e Von Katte foi executado sob a janela do príncipe. A partir desse momento, Frederico passou a perceber as vantagens da dissimulação. Conseguiu um pouco de tranquilidade fingindo obediência a seu pai; aceitou passar em revista as tropas e casar-se com uma sobrinha da imperatriz austríaca Maria Teresa. Só visitava a esposa a cada doze meses, no dia do aniversário dela. Durante os anos prévios a sua ascensão ao trono, viveu no palácio de Rheinsberg, que acabara de ser reconstruído, lendo, escrevendo, compondo, tocando flauta e correspondendo-se com Voltaire. Se sua vida tivesse se inspirado em alguma figura literária, teria sido a do príncipe Hal, de Shakespeare. Voltaire era seu Falstaff, e, como aconteceu com Hal e Falstaff, Frederico separou-se do mestre quando resolveu assumir plenamente seu papel de rei. A ruptura entre os dois homens deu-se em 1753, três anos antes do início da Guerra dos Sete Anos.

Mas de 1750 a 1753 Voltaire foi o guia de Frederico, ao mesmo tempo que este alentava naquele a ilusão de que o mito do rei filósofo poderia transformar-se em realidade. Com promessas de dinheiro e afagos elogiosos, Frederico atraiu Voltaire para Sanssouci. Lá, como seu anfitrião, Voltaire levou uma vida tranquila, regrada, reclusa, como se estivesse seguindo os princípios do

Éden proclamados pelo *Midrash*. "O que vocês fazem aqui em Sanssouci?", alguém perguntou certa vez. "Conjugamos o verbo *entediar*", foi a resposta. Voltaire trabalhava em seus escritos e em fingir que estava doente. Tinha quase sessenta anos. Sem ter verdadeira consciência disso, Voltaire propiciara a Frederico uma justificativa filosófica para que ele fosse quem era. O pequeno palácio de apenas doze quartos, com sua biblioteca, sua galeria de quadros e sua sala de música, mas acima de tudo com seus jardins, cuidadosamente traçados e engenhosamente cuidados, davam ao rei a ilusão de poder sobre todos os elementos naturais, e lhe permitiam, em vez de explorar as regras vastas e secretas da natureza, tornar familiar o desconhecido: ou seja, traduzir e simplificar, abreviar, explicar e glosar. Para garantir uma continuidade ininterrupta entre o palácio e o jardim, Frederico, ignorando o conselho de seu arquiteto Georg Wenzeslaus von Knobelsdorff, prescindira de uma planta baixa. Desse modo, as noções de exterior e interior se desmontavam e se confundiam. O interior se tornava parte da Natureza selvagem, e o exterior era domesticado por seu contato com o interior.

Frederico intuíra que fazemos com que um lugar se torne artificial pelo simples fato de estarmos nele. Nossa presença (como passeantes ou como residentes) em determinada paisagem a humaniza, e embora as sebes e os arbustos com formas geométricas e o gramado bem cuidado emoldurem aquilo que é, essencialmente, estranho e selvagem, esses artifícios só fazem confirmar as hierarquias originais do Éden, onde Adão era senhor de todas as flores e de todas as árvores, com uma famosa exceção. Um lugar cultivado mostrava a mão do homem, em tal grau que em certas ocasiões os visitantes de Sanssouci queixavam-se de que com tanto ouro e mármore não era possível ver as árvores. A mata, ao contrário, é aquele lugar no qual, como Deus diz a Jó, a chuva cai sobre uma terra "onde não há nenhum homem". Existe pelo contraste com nossa presença; é um livro fechado cujo texto não adquire vida até ser aberto e lido.

Mais ou menos na mesma época e em lugares diferentes, os jardineiros estavam descobrindo o mesmo conceito. Horace Walpole, referindo-se ao paisagista William Kent, escreveu que ele "pulou a cerca e descobriu que toda a natureza era um jardim". Kent fez o que, em outro contexto, Marcel Duchamp repetiria séculos mais tarde: colocou uma moldura em volta de *ready-mades* da natureza. Dizia que a mata era um jardim simplesmente porque ele estava presente para observá-lo, e limitava-se a redistribuir o que nele encontrava para gerar um efeito melhor, com um procedimento que Alexander Pope mais tarde chamou de "paisagismo". Movia alguma rocha, desviava algum curso d'água, mas o aspecto geral do jardim continuava sendo decididamente "selvagem". O golpe de mestre de Kent ocorreu em 1735, quando, patrocinado pela rainha Carolina, plantou uma árvore seca nos jardins de Richmond. Era um gesto diretamente equivalente à utilização de citações não atribuídas em grande parte da literatura do século XVIII; por exemplo, na obra de Laurence Sterne.

Em contraste com a "recuperação" da mata praticada por Kent na Inglaterra, o jardim de Sanssouci de Frederico era um modelo de artifício francês, um produto da razão humana. A mata de Kent era, de certo modo, uma resposta à aversão dos puritanos ingleses pelas formas geométricas nos jardins, pelas construções lógicas que, segundo eles, impediam que a alma encontrasse seu estreito caminho. Sanssouci, por sua vez, obedecia ao impulso barroco nascido com a Contrarreforma, à intuição de que a verdade se revela melhor no oculto, nas elaboradas volutas e espirais que conferem presença a um conceito ao encerrá-lo. Um visitante que olhasse na direção do palácio poderia seguir as linhas cuidadosas dos jardins dispostos em terraços que, especialmente durante o inverno, época em que as grades ficam visíveis, parecem filas cada vez mais numerosas de estantes numa sonhada biblioteca. É provável que esse mesmo visitante se detivesse por um momento nos corredores fechados dos canteiros bem cuidados, que lhe agradassem os redemoinhos intrincados em torno da fonte central, que se lembrasse das histórias dos deuses antigos representados nas esculturas. Em seu *Essai sur les moeurs*, escrito em Sanssouci, Voltaire comentava que "não está na natureza do homem desejar o que não conhece", e que, portanto, o ser humano precisava "não só de uma extensão de tempo prodigiosa, mas também de circunstâncias oportunas para elevar-se acima de seu estado animal". Sanssouci permitia ao visitante entender que a natureza podia ser pensada, podia ser lida através de seus textos desdobrados, revelados em canteiros florais aparentemente codificados e em vistas deliberadamente organizadas, podia refletir-se em composições poéticas e em partituras musicais, podia ser entendida por meio de emblemas e artifícios barrocos, alentando, desse modo, um desejo fervoroso de conhecimento da mesma natureza. Ao menos, essa era a intenção.

Mas Frederico ficou desiludido com os ensinamentos de Voltaire, ou com o Voltaire homem, ou com essa parte de si mesmo que na juventude o fizera acreditar que existia na arte uma sabedoria além do alcance do poder, e conquistas espirituais que nenhum exército imperial podia fazer. Ele havia contraposto sua vaidade pessoal à de seu pai, a identidade sofisticada e culta de herdeiro forçoso à identidade brutal e ambiciosa do rei Frederico I. Como o príncipe de Hal, o príncipe Frederico percebeu de repente que "A maré de sangue em mim/ fluiu até hoje em soberba vaidade:/ ela agora se volta e reflui para o mar,/ onde irá misturar-se a poderosas marés altas,/ correndo doravante em formal majestade". Voltaire não tinha o menor interesse nessa majestade, embora em suas *Memórias* tenha confessado: "Não podia deixar de me sentir atraído por ele, porque era engenhoso, encantador, e também porque era rei, o que sempre é muito sedutor, dada nossa fragilidade humana".

Segundo Novalis, quando Adão foi expulso do Éden, os restos destroçados do Paraíso se espalharam por toda a Terra, e é por essa razão que o Paraíso é tão difícil de reconhecer. Novalis tinha a esperança de que esses fragmentos pudessem se reunir de alguma forma, de que fosse possível recobrir seu esqueleto. É provável que na juventude Frederico abrigasse a mesma esperança, posto que Voltaire o ensinara a acreditar na importância máxima da filosofia e da arte que buscavam, de modo prático e empírico, conhecer o mundo e a condição humana. Mas o Frederico adulto e estadista tinha pouca fé nesses conceitos tão cultos. Para o príncipe estudante, os jardins, como os livros, eram fragmentos organizados do Paraíso, reflexos do que conhecemos do mundo, criações artificiais que, de qualquer modo, estavam vivas e rendiam frutos, espaços organizados onde nossa imaginação podia deambular e nossos sonhos podiam lançar raízes, meios pelos quais nossas artes e ofícios transcreviam a história da criação. Se toda a carne era relva, como nos dizia a Bíblia, então essa advertência também podia ser lida como algo exultante, como a revelação de que também nós compartilhávamos parte da capacidade da relva de renascer verão após verão, de conquistar a morte cobrindo as tumbas cheias de terra, de levar uma multitudinária, exuberante e ordenada existência em folhas tão numerosas quanto as dos livros da Biblioteca Universal. Para o rei Frederico II, em compensação, só a ordem política parecia importante.

No entanto, alguns dos ensinamentos de Voltaire devem ter deitado raízes secretas. Quatro anos depois da vitória de Rossbach que valeu a Frederico o epíteto de "Grande", o rei, já com 39 anos, retomou suas ambições literárias juvenis e compôs uma fábula poética a que deu o título de "Le conte du violon" ("O conto do violino"). Escrita rapidamente em Breslau, longe da calma e da beleza de Sanssouci, nos últimos dias de 1751, conta-nos a história de um talentoso violinista a quem se pede que toque apenas com três cordas, depois com duas, depois com uma e finalmente com nenhuma, com os resultados óbvios. A fábula termina assim:

Deste conto, se te agrada,
Recolhe um conhecimento:
Por mais que tenhas talento
Arte sem meios não basta.

1ª EDIÇÃO [2009] 1 reimpressão

ESTA OBRA FOI COMPOSTA EM MINION PELO ESTÚDIO O.L.M. E IMPRESSA EM
OFSETE PELA GRÁFICA PAYM SOBRE PAPEL PÓLEN SOFT DA SUZANO S.A.
PARA A EDITORA SCHWARCZ EM ABRIL DE 2022

A marca FSC® é a garantia de que a madeira utilizada na fabricação do papel deste livro provém de florestas que foram gerenciadas de maneira ambientalmente correta, socialmente justa e economicamente viável, além de outras fontes de origem controlada.